Caminhos para a felicidade

Encontre propósito e felicidade a cada dia

ALEXANDRE LOBÃO

Caminhos para a felicidade

Encontre propósito e felicidade a cada dia

EDITORA GAIUS

Obra em conformidade com o novo
Acordo Ortográfico da Língua Portuguesa

Direitos de Publicação
© Editora Gaius Ltda.
Telefones: (11) 3857-0740 (11) 3951-9302
Rua Relíquia, 97 – Sala 3 – Jardim das Laranjeiras – 02517-000
São Paulo – SP, Brasil
e-mail: editorial@editoraelementar.com.br
www.grupoeditorialelementar.com.br
1ª edição: 2025

Editora: *Elisabete Pigola*
Preparação: *Alessandra Biral*
Revisão: *Gabriel Maretti, Nicolas Casal e Rodrigo da Silva Lima*
Capa, projeto gráfico e diagramação: *Maurelio Barbosa*

Dados Internacionais de Catalogação na Publicação (CIP)
(Câmara Brasileira do Livro, SP, Brasil)

Lobão, Alexandre
Caminhos para a felicidade : encontre propósito e felicidade a cada dia / Alexandre Lobão. -- São Paulo : Editora Gaius, 2025.

ISBN 978-65-986124-0-5

1. Autoajuda (Psicologia) 2. Autoconhecimento 3. Felicidade - Aspectos psicológicos 4. Reflexões 5. Superação I. Título.

25-253699 CDD-158.1

Índice para catálogo sistemático

1. Felicidade : Autoajuda : Psicologia aplicada 158.1

Eliane de Freitas Leite - Bibliotecária - CRB 8/8415

Dedicatória

Aos que buscam, incansáveis,
por respostas no meio do caos.
Aos que acreditam que cada pequeno passo
é capaz de transformar realidades.
Este livro é para você, que enfrenta as incertezas
com coragem e segue plantando sementes,
mesmo sem saber ao certo quando elas florescerão.
Que encontre aqui inspiração para cultivar dias
mais leves, significativos e felizes.
Também quero dedicar esta obra
para Natália e Rafael, sempre!
E para Lara, Manu e João,
por me oferecerem a esperança
de novos começos.

SUMÁRIO

1

SOBRE O QUE É ESTE LIVRO?

Existe livro de autoajuda?

Busca por propósito na vida, resiliência emocional, autoaceitação, aprendizado contínuo, relacionamentos saudáveis, *mindfulness*, autoconhecimento, reflexão, gerenciamento do estresse, equilíbrio da vida pessoal e profissional, alimentação saudável, autoperdão, criatividade...

Quanto estamos insatisfeitos, sentindo que nossa vida precisa de algo mais, que não conseguimos entender o propósito de estarmos aqui, uma chuva de temas aparece para nos ensinar a viver melhor.

São centenas de livros de fundo psicológico, religioso, filosófico, sociológico e de várias áreas correlatas que buscam trazer para nós guias, orientações, mapas para a felicidade e a autorrealização... Uma série de obras que entram nas livrarias em categorias como autoajuda e autoconhecimento.

Mas existe isso de livro de "autoajuda" ou "autoconhecimento"? Como uma obra, ou qualquer coisa que seja, pode ser de "autoajuda", se "auto" implica em algo que seja de você para si mesmo? Se vem de fora, já deixou de ser de autoajuda; seria, portanto, no máximo um "livro de ajuda".

Isso parece apenas uma brincadeira com palavras, mas, se pensarmos bem, traz uma profunda reflexão, que acho que vai ficar mais fácil de perceber se eu contar uma história.

A necessidade de uma postura ativa

Ao escrever esta introdução, imediatamente me lembrei de um vídeo a que assisti há algum tempo, em que a psicóloga e psicanalista Michelle Ponzoni dos Santos comentou sobre um caso que ocorreu em seu consultório.

Ela disse que, certa vez, determinada pessoa chegou a ela pedindo ajuda. Explicou que tinha um problema complexo que precisava resolver, mas que já estava quase desistindo porque já havia passado por sete linhas diferentes de psicologia (e ainda mais psicólogos), e que em nenhuma delas havia conseguido encontrar nada que pudesse ajudá-la.

Após algumas conversas, o motivo de nada dar certo para o paciente ficou claro: ele ia ao psicólogo e se colocava em uma postura passiva, simplesmente receptiva, esperando que, ao falar sobre seu problema e ouvir o psicólogo, ou vivenciar as dinâmicas propostas por ele, a solução para a questão iria simplesmente aparecer.

Ao compreender que, para resolver as questões que o incomodavam, precisava assumir uma postura mais ativa, de agente da própria transformação, o paciente deu o primeiro passo, o mais importante na resolução dos dramas que o incomodavam. A partir daí, recordou qual das linhas de psicologia ele havia achado mais interessante e retornou a ela, começando finalmente a trilhar o caminho da cura.

E o que significa, exatamente, essa postura ativa?

Significa entender que não basta a mente decodificar as palavras do outro, nem compreender o caminho da busca por felicidade e propósito, é necessário trilhar este caminho. É essencial que o conhecimento que recebemos nos provoque reflexões, que invistamos um tempo para pensar sobre nós mesmos e por nós mesmos.

É importante pensarmos sobre como aquilo que aprendemos nos afeta, se existe algum aspecto de nossos comportamentos ou sentimentos que pode ser mudado para melhor, e até mesmo se concordamos com aquilo que aprendemos – até porque o que pode parecer verdadeiro e profundo para uma pessoa pode soar como algo simplista para outra.

Mais que ler, devemos trazer o que lemos para nossa realidade

Voltando aos livros, de nada adianta ler conteúdos de autoconhecimento ou de autoajuda se não buscarmos, a cada passo, validar o que lemos com aquilo que efetivamente acreditamos e nos colocarmos sinceramente em uma posição de quem está querendo se modificar.

Sim, modificar-se, porque, se a vida não está bem, se há algo que incomoda, não mudar nada significa manter-se no estado atual de incômodo. É importante compreender que mudanças incomodam. Sair de sua zona de conforto psicológico, na maioria das vezes, não é agradável – mas é necessário, se realmente desejamos encontrar um novo rumo, um propósito que nos escapa, uma felicidade além da que sentimos hoje.

Seguindo essa linha de pensamento, este livro não oferece um mapa, nem propõe um passo a passo para você ser mais feliz e se sentir mais realizado. Ele traz pensamentos aleatórios, pequenas mensagens desconectadas umas das outras, mas cada uma com pequenas indicações de caminho.

Você pode lê-lo sequencialmente, uma mensagem após a outra, mas é importante ressaltar que ele não foi escrito para isso. Ele foi escrito para que você o abra em qualquer página, quanto tiver um tempo livre, e leia apenas uma mensagem por vez.

Após ler a mensagem, medite *sobre ela*

O que a mensagem tem a ver com você e a forma como conduz sua vida e seus relacionamentos?

Dedique alguns minutos revendo alguns pontos que achar mais interessantes. Pode sublinhar ou marcar as linhas de alguma forma. Não é proibido transformar o livro em algo único e seu, dando-lhe mais significado.

Pense, ainda, sobre se há algo que possa melhorar em sua vida, conforme as próprias crenças e visões do mundo, a partir do que você leu ali.

E, se você tem uma ou mais questões que o incomodam mais profundamente, medite sobre essas questões, tente descobrir os motivos que existem por trás delas, sob a luz da mensagem lida.

Mesmo que, ao fim dessas reflexões, você descobrir que determinada mensagem não lhe trouxe nada de novo, ainda assim terá investido seu tempo na única coisa que efetivamente pode ajudá-lo a superar suas dificuldades: o autoconhecimento.

E, ao fim e ao cabo, é isso o que realmente importa.

Espero que o livro lhe proporcione boas reflexões, mas, acima de tudo, espero que você se disponha a fazer essas reflexões, porque você é a única pessoa capaz de descobrir quais são os caminhos da felicidade que lhe fazem sentido.

Boa leitura!

Dedique alguns minutos
revendo alguns pontos que
achar mais interessantes.
Pode sublinhar ou marcar
as linhas de alguma forma.
Não é proibido transformar
o livro em algo único e seu,
dandolhe mais significado.

2

MEDO DE MUDANÇAS

Hoje, quando acordei, antes mesmo de abrir os olhos, senti um aperto no peito e um frio no estômago. Respirei fundo algumas vezes, mas a sensação era inegável: o medo.

Ainda meio desperto, minha mente retornou para o sonho de que eu tinha acabado de sair, em busca de uma causa para aquele sentimento incômodo, mas percebi que o motivo não estava ali.

Como já passei por algumas crises de ansiedade anteriormente, minha primeira ideia foi que poderia ser uma nova crise se aproximando... mas logo percebi que fazia alguns anos que não tinha mais crise e, sem um gatilho significativo, não faria sentido que elas tivessem retornado.

Parei, então, de tentar buscar racionalmente o motivo do medo e busquei limpar a mente. Descartei pensamentos variados que chegavam – a mente é um animal difícil de domar! – e, dentro do possível, fui simplesmente deixando esse sentimento fluir, concentrando-me nele.

O interessante do medo é que ele é uma emoção muito eloquente. Se você deixa que ele fale, ele fala.

Ao deixar de lado minha busca pelo motivo do medo e apenas senti-lo, aos poucos, foi ficando claro o motivo daquela angústia que oprimia meu peito: transições.

Estou em um momento de transição em minha vida.

E, pensando bem, todas as nossas vidas são construídas com transições. Nada é permanente, tudo muda incessantemente.

Às vezes, a mudança é sutil: dia a dia, crescemos um pouco; dia a dia, envelhecemos um pouco; dia a dia, fortalecemos laços com amigos da escola ou do trabalho; dia a dia, aprendemos algo que, a princípio, nos parecia impossível.

Quando as mudanças ocorrem assim, lentamente, em nossa rotina, a sensação que temos é de que estamos vivendo um momento de estabilidade. E, ainda que o excesso de estabilidade incomode algumas pessoas depois de um tempo, todos gostamos de ter uma base sólida que nos garanta que o amanhã vai ser, pelo menos em alguma dimensão, parecido com o hoje.

De tempos em tempos, no entanto, acontecem grandes mudanças em nossas vidas. É um animal de estimação que entra em nossa vida, é uma troca de endereço, é o fim de um ciclo de estudos, de um relacionamento importante para nós; é o início em um novo emprego, é a morte de uma pessoa importante para nós...

Independentemente de estarmos vivendo uma situação boa ou ruim, sabemos, imediatamente, que nossa vida será diferente dali para a frente.

Há aqueles que se entregam de corpo e alma ao desconhecido, aproveitando esse momento de transição para deixarem para trás a bagagem emocional antiga, abandonarem conceitos e preconceitos que pareciam importantes, mas que não fazem mais sentido e, com isso, sentem o coração leve, cheio de empolgação com as possibilidades que se abrem.

E há aqueles, como eu, para quem a mudança é sempre um desafio.

Era isso o que eu estava sentindo ao acordar hoje, e ainda estou, em certa medida: um medo que nasce do apego ao que não é mais, da vontade impossível de retornar à situação anterior, de retroceder no tempo.

Medo das possibilidades, de não estar à altura dos desafios, de errar, de sofrer ou de fazer outras pessoas sofrerem, de não conseguir ser feliz como era anteriormente...

Nos momentos de transição, tudo parece assustar.

Mas, olhando para trás, aos poucos, esse meu medo foi se dissipando. A vantagem de ter mais de meio século de vida é que possuo todo um histórico de experiências que posso consultar para (re)aprender com erros e acertos.

Olhando para trás, percebo que houve momentos em que a dor emocional foi tão forte que eu tinha certeza de que não iria sobreviver.

Houve momentos em que me senti perdido, sozinho no mundo, sem ninguém que pudesse entender minhas angústias.

Houve momentos em que eu estava tão sem forças que tudo o que eu queria era ficar parado olhando para uma parede branca – porque até mesmo assistir a uma televisão me cansava.

E, olhando um pouco para a frente, em cada um desses instantes, percebo que a dor, por maior que fosse, ficou menor a cada dia, até o ponto em que descobri que podia rir de novo, sentindo-me feliz simplesmente com um pouco de sol no rosto, uma caminhada em um parque, o acordar e respirar, descobrindo-me vivo para aproveitar mais um dia.

Revivendo memórias, percebo que, depois dos momentos em que eu me sentia mais perdido, seguiram-se momentos em que eu tive apoio de pessoas que se importavam comigo, que estavam ao meu lado mesmo quando não as via.

E mais: percebo que, com elas, descobri que a melhor forma de resolver minhas angústias foi, sempre, ajudar os outros a resolverem as deles.

Descobri que a melhor forma de termos amigos é sermos amigos; que a melhor maneira de não nos sentirmos perdidos é ouvir quem está perdido, e juntos tentarmos buscar caminhos.

E mesmo aqueles momentos, em que me senti totalmente esgotado, sem forças para sair da cama, foram seguidos por momentos melhores, em que me movimentava contra minha vontade, pouco a pouco, e esses foram seguidos por momentos em que descobri o prazer de sair de onde estava, aos poucos, até o momento em que abri a mente para novos hábitos e iniciei outras rotinas que deram mais significado e energia para tudo o que eu fazia.

Todos os momentos de tristeza foram, invariavelmente, seguidos por momentos em que descobria novamente que tinha a capacidade de ser feliz.

Talvez você (ainda) não tenha a bênção de ter mais de cinquenta anos, mas com certeza já teve suas dores e vivenciou momentos de grande felicidade.

Da mesma forma, tenho certeza de que, se parar para pensar, neste instante, em tudo o que já viveu, você vai chegar à mesma conclusão que eu: tudo passa!

Momentos felizes devem ser vividos com intensidade, valorizando cada instante, porque sabemos que passarão. E momentos tristes devem ser vividos com um olhar no futuro, porque, sabendo que também passarão, podemos mais claramente buscar os sinais de que já estão passando e superar esses momentos mais facilmente.

Era isso o que eu queria compartilhar neste capítulo.

Agora é com você: feche o livro e tire alguns minutos, sem pressa, para buscar em seu interior seus medos, seus desconfortos, suas alegrias, seus aprendizados.

Se conseguir fazer disso algo corriqueiro, e todos os dias antes de dormir ou ao acordar dedicar alguns momentos para reflexão, tenho certeza de que as dificuldades parecerão mais fáceis de superar e as felicidades ficarão mais vívidas.

Agora é com você:
feche o livro e tire alguns
minutos, sem pressa,
para buscar em
seu interior
seus medos,
seus desconfortos,
suas alegrias,
seus aprendizados.

3

JÁ DEU TUDO CERTO

Certa vez, eu estava dirigindo e conversando com um amigo a respeito de nossos planos do passado. Ao longo da conversa, aparentemente de forma inconsciente, eu insistia em focar naqueles que ainda não tinha realizado. Após algum tempo, depois de uma fala minha, ele de repente fez um silêncio, me olhou e disse: "Não se preocupe, já deu tudo certo".

Continuamos conversando, mas eu não conseguia mais prestar atenção, porque aquela frase, "já deu tudo certo", mexeu comigo e me fez pensar em muita coisa. Há alguns anos, eu tive uma crise de ansiedade, e o incômodo era tão forte que sentia uma grande dificuldade de respirar, sentindo que estava sem ar a todo momento.

Lutando contra a crise, obriguei-me a sair de casa, a caminhar entre gramados e árvores, a tomar um pouco de sol e respirar ao ar livre. No início, isso me deixava ainda mais ansioso, e eu buscava acalmar a mente (muitas vezes, sem sucesso), ora esvaziando a mente com técnicas de meditação, ora me concentrando no momento com técnicas de *mindfulness*.

O tempo todo, tentava consolar a mim mesmo, dizendo: "Siga em frente, aguente apenas mais um pouco, que vai dar tudo certo".

Conversando com amigos mais próximos (outra coisa que me ajudou a superar a crise), falei sobre tudo isso e uma amiga me disse: "Você está fazendo errado. Não pense que 'vai ficar tudo bem', que 'vai dar tudo certo'. Pense que 'está tudo bem' e que 'já deu tudo certo'".

É incrível o poder que algumas palavras têm de nos transformar intimamente!

Na próxima vez que me senti angustiado, eu repeti para mim mesmo: "Já deu tudo certo".

Cada pessoa, é óbvio, tem o seu gatilho particular, algo que a toca, que fala o que ela está precisando ouvir.

Este livro, como citei na introdução, é sobre isso. No meu caso, aquelas palavras eram justamente o que precisava escutar da minha boca.

"Já deu tudo certo!"

É claro que só palavras não resolvem nada, mas, ao verbalizar isso, imediatamente me pus a refletir.

- Já deu tudo certo!
- Não estou doente.
- Tenho um emprego.

- Tenho amigos, tenho pessoas que amo.
- Tenho um teto sobre mim, uma cama para dormir, um chuveiro para tomar banho.
- Tenho uma infinidade de coisas boas, e estou construindo a cada dia o caminho para conquistar aquilo que gostaria de ter, mas não tenho.

Mas, mais do que ter muito o que agradecer na minha vida, o "já deu tudo certo" para mim quis dizer eu não precisava correr.

Não precisava me incomodar em buscar caminhos.

Não precisava me angustiar pelos desafios que pareciam intransponíveis na minha frente.

Não precisava me entristecer com os fracassos e as desilusões que tinha sofrido.

Nada disso era significativo porque, afinal, já deu tudo certo.

Estamos aqui para aprender, não para acertar.

Mesmo aquilo que chamamos de "erro" serve para nosso aprendizado quando entendemos o que é errado e nos esforçamos para não repetir isso.

E se erramos de novo?

Tudo bem, já deu tudo certo. Basta tentar de novo, e de novo, e de novo. Não importa errar mil vezes, importa tentar mil e uma, porque cada erro fortalece em nós a certeza de que o erro não nos satisfaz.

E o que é o erro?

Tudo o que nos faz mal, e a qualquer outra pessoa. Nossas consciências são pré-programadas com esta orientação; quando fazemos algo errado, nos sentimos mal por isso.

Não devemos sofrer com o erro; e muito menos ficar nos culpando, pois a culpa implica encontrar culpados, ter julgamentos, sofrer penalidades.

Devemos, isso sim, aprender com o erro, crescer e fazer o possível para não o repetir. Se eu errar de novo, já sabe: pode descansar, que já deu tudo certo.

Basta não se acomodar no erro!

Quando incorporamos esse sentimento de maneira profunda, deixamos de ser culpados e passamos a ser responsáveis. Deixamos de sofrer punições e passamos a construir novos caminhos.

E quanto a você?

A culpa por ter errado em algo afeta sua vida, atrapalha suas decisões?

O incômodo por não saber que decisão tomar o paralisa ou angústia?

As dificuldades a enfrentar, os desafios que o afastam das suas metas de vida parecem intransponíveis?

Se alguma dessas frases pareceu tocá-lo de alguma forma, feche o livro por alguns minutos e busque aprofundar seu entendimento sobre o porquê de você se sentir assim.

Tente analisar-se e avaliar se não faz mais sentido, ao invés de se angustiar com sofrimentos passados ou com dificuldades futuras, curtir o momento, aproveitar as conquistas e pequenas vitórias que o levaram até onde você está.

Porque, se estamos aqui para aprender (e estamos!), tudo o que vivemos foi aprendizado.

É por isso que já deu tudo certo!

Tudo bem, já deu tudo certo.
Basta tentar de novo,
e de novo, e de novo.
Não importa errar mil vezes,
importa tentar mil e uma,
porque cada erro fortalece
em nós a certeza de que
o erro não nos satisfaz.

4

TEMPO OCIOSO

Com o passar dos anos, descobri que o tempo ocioso é um dos maiores inimigos de nossa saúde mental, emocional, sentimental, social e, é claro, de nossa saúde física.

Todo cuidado que tivermos com isso ainda será pouco, porque a impressão que tenho é de que o tempo ocioso aumenta não só a ansiedade, como também parece nos induzir a ficar ainda mais tempo na ociosidade.

Os minutos sem fazer nada levam às horas, que levam aos dias... Quando percebemos isso, tudo o que demanda ação de nossa parte parece custar um esforço imenso para ser realizado, parece difícil ou inalcançável.

É importante, ainda, entender o que é exatamente esse "tempo ocioso".

Por exemplo: há muita gente (e me incluo nesse grupo), que adora assistir a seriados e filmes. No entanto, basta uma rápida olhada nos catálogos oferecidos pelas diversas empresas de entretenimento e *streaming* para considerarmos que poderíamos gastar a vida inteira em frente a uma tela sem conseguir assistir a tudo aquilo de que gostamos.

Por mais que pareça divertido, assistir a seriados e filmes é, na maior parte das vezes, tempo ocioso.

Podemos até ter uma breve sensação de realização quando terminamos de assistir a algo especialmente interessante ou longo, mas esse sentimento é rapidamente substituído pela necessidade de encontrar algo novo para assistir, para preencher o vazio deixado pelo fim da série ou do filme anterior.

Se isso fez com que esse hábito parecesse um vício, bem... é porque é isso mesmo! Quando nos tornamos telespectadores de algo, assumimos uma posição passiva, em que não precisamos fazer esforço algum para vivermos por meio de outras situações emocionantes, que geram dopamina, adrenalina e demais hormônios associados à diversão e à felicidade.

Isso, feito de maneira constante, leva nosso corpo a se habituar – tanto aos hormônios quanto à passividade. Como todo vício, esse comportamento faz que desejemos mais e mais, e acabemos por deixar coisas mais importantes de lado.

A palavra-chave aqui é a passividade, não só física, mas também (e principalmente) mental. Quando assistimos a algo que nos faz pensar, que nos leva a questionar nossa realidade, nosso jeito de ser ou nossas ações, assumimos uma posição ativa, o que nos conduz para longe do risco do tempo ocioso.

Tempo ocioso, portanto, não é o momento em que ficamos na cama olhando para o teto, ou parados em um parque descansando. É quando não estamos usando nossa mente ativamente para alguma coisa construtiva, algo que nos transmita a sensação de estarmos sendo produtivos, úteis, de estarmos "indo em frente" ou fazendo nossa parte, de alguma forma. Isso pode acontecer mesmo quando estamos deitados na cama, olhando para o teto, desde que estejamos elaborando ideias, buscando entender o mundo, as pessoas ou a nós mesmos.

Não é à toa que há um provérbio popular que diz: "A mente ociosa é a oficina do diabo". Ela é mais propensa a pensamentos negativos, preocupações e comportamentos improdutivos.

Um dos elementos mais importantes na construção da felicidade do ser humano é sentir-se útil. É por isso que, após um dia em que sentimos que não fizemos nada de produtivo, ficamos incomodados. E quando esses dias se acumulam e se tornam semanas ou meses, a autoestima fica abalada, por sentirmos que estamos perdendo tempo, e a própria vida começa a parecer sem significado.

Em diversos momentos da minha vida, eu me senti assim. Como essa é uma situação que vai se instaurando aos poucos, demorei a perceber o que estava acontecendo, até que a angústia e a ansiedade se tornavam tão grandes que me movimentar se tornava inevitável.

A "fórmula" para evitar os males do tempo ocioso é muito simples: valorizar cada minuto e, com isso, valorizar as horas e os dias.

Buscar preencher os momentos ociosos com atividades simples, mas produtivas, em que nos sintamos úteis fazendo o bem para a sociedade, para a natureza ou para nós mesmos.

A lista para isso (como a relação de filmes em um catálogo de *streaming*) é praticamente infinita:

- Atuar como voluntário em grupos que realizam atividades de solidariedade para apoiar quem mais precisa.
- Ter conversas profundas com as demais pessoas, sobre temas que vão além das notícias e fofocas do dia a dia.
- Participar de alguma ONG (organização não governamental) de defesa dos direitos humanos ou dos animais.
- Visitar alguém doente.
- Ler livros ou assistir a filmes que nos ensinem coisas boas, que nos fazem refletir sobre nosso papel no mundo.
- Engajar-se em iniciativas de defesa da natureza, que podem ser simples como cuidar de um jardim ou grandiosas como plantar árvores.

Enfim, ocupar a mente e as mãos em atividades que busquem o bem-estar da coletividade, do planeta e, em consequência, de nós mesmos.

Não existe "tempo ocioso" se tomamos o cuidado de nos planejar, de organizar nossa agenda para que possamos ter algum tempo para descansar (que é essencial), mas também tenhamos um tempo reservado para nos dedicarmos a visitas a orfanatos ou a lares de idosos; a estudar (ou ensinar) algo que nos interesse, como Música, História, ou novidades tecnológicas; a aprender uma nova língua; a estar com amigos e com pessoas que sabemos que precisam de uma palavra amiga, de nosso apoio em momentos difíceis...

E, sem tempo ocioso, nossa saúde e nosso bem-estar vão melhorar!

Agora é com você!

Não adianta nada você concordar com o que expus, seja com tudo, seja com alguma parte, e não fazer nada quanto a isso.

A primeira coisa a fazer é tirar um tempo, sem pressa, para pensar sobre sua vida.

- Você tem algum tempo ocioso em sua rotina, momentos em que se percebe incomodado, que sente que "falta algo"?
- O que você pode fazer quanto a isso?
- Com que tipo de atividade você se identifica mais?
- Qual seria o primeiro passo dado para conseguir dedicar seu tempo a algo que lhe motive a fazer o bem?

Pegue uma caneta e vá anotando suas ideias, ainda que não estejam completas. Isso o ajuda a organizá-las e definir melhor um plano de ação.

Se preferir, pode anotar aqui mesmo no livro – afinal, os melhores livros são aqueles que transformamos em nossos, somando-lhes os significados que despertaram dentro de nós!

5

PAZ DE CONSCIÊNCIA

Há pouco tempo, na semana anterior à ocasião em que estou escrevendo este texto, tive uma noite ruim.

Eu me deitei com algo indefinível me incomodando, quase como um peso no estômago, e achei que havia comido algo que não havia caído bem.

No dia seguinte, acordei com um incômodo ainda maior, quase como se eu estivesse prestes a sentir uma nova crise de ansiedade – mas eu não tenho essas crises há três anos.

Nesse momento, fiz o que tenho reforçado que é importante todos fazermos, e o que quero estimular você a fazer com este livro: parei e pensei, sem pressa.

Não sei se fiquei dez minutos, meia hora ou mais ali na cama, desperto, mas de olhos fechados, deixando o sentimento fluir e tentando entender o que isso queria me dizer. Pouco a pouco, o motivo ficou claro: eu não estava em paz com minha consciência.

No dia anterior, havia me encontrado com um amigo e não fui legal com ele. Não havia sido sincero com ele, mesmo quando me pediu para ser, com a desculpa para mim mesmo de que "nem toda verdade precisa ser dita" – quando, na verdade, eu só não queria que ficasse chateado comigo.

É verdade que nem toda verdade precisa ser dita. Há pessoas que, com a desculpa de que só falam a verdade, dão-se a liberdade de espalhar fofocas, de falar mal de outras pessoas, de colocar para fora tudo o que as incomoda de maneira agressiva.

A verdade é essencial, mas ser sincero não significa ser rude.

E como saber, quanto à verdade e quanto a tantas outras coisas, qual o ponto certo de equilíbrio?

Todos temos uma bússola infalível para isso: nossa consciência.

Ela é construída a partir de todas as coisas que vivemos e aprendemos, todas as dores e alegrias por que passamos em nossa vida.

Cada vez que você sofre uma traição, que é vítima de *bullying*, que sente humilhação, que se sente desprezado ou rebaixado, enfim, cada vez que sofre por um motivo físico ou emocional, você aprende que aquele tipo de situação provoca dor.

Porém, toda vez que a situação se inverte e você é quem humilha, esconde uma verdade importante, despreza, ofende, trai ou machuca alguém de qualquer forma, esse aprendizado, que chamamos de consciência, diz-lhe que você não está sendo legal.

E, até também por conta de nossa educação, todos queremos ser legais! Quem é que deseja ser o vilão da história? Isso é tão verdade que, muitas vezes, vemos indivíduos condenados justificando-se, colocando a culpa por seus atos na sociedade que os oprimiu, e até mesmo se considerando justiceiros, que assumiram para si a responsabilidade de resolver o que julgavam de errado no mundo.

No entanto, no fundo, todos sabemos o que é errado, porque a traição de um amigo, a dor de perder alguém que se ama, a frustração por descobrir que acreditou em uma mentira, a humilhação por se sentir menosprezado por alguém, tudo isso dói tanto no justo quanto no injusto.

O que fazer, então, para ter paz de consciência?

Assim que terminar de ler este conteúdo, feche o livro, cerre os olhos e reserve tanto tempo quanto possível para pensar sobre as questões a seguir, sem pressa, buscando não só respostas mentais, mas principalmente em seus sentimentos.

Deixe suas memórias fluírem, a princípio para o dia de hoje, depois para a semana, o mês, os anos que se passaram.

Pense em seus relacionamentos com as pessoas que criaram você e aquelas que conviveram com você durante sua infância. Lembre-se de seus relacionamentos, atuais e passados.

No entanto, isso deve ser feito só uma vez, aos poucos, porque temos uma vida inteira de relacionamentos, de interações com outras pessoas na escola, trabalho e na vida social; então, pense em um dia e um horário em que você usualmente está livre e coloque um alarme em seu celular.

Se (pelo menos) uma vez por semana você fizer essas reflexões, com certeza vão surgir muitas boas ideias sobre o que pode melhorar em suas atitudes para conviver melhor com outras pessoas e, com isso, viver melhor.

Mas vamos às questões, que são apenas ideias – anote ao fim delas outras que você considerar significativas:

- Alguma vez você fez coisas que sabia que eram erradas, que feriram outras pessoas de qualquer maneira? Por quê? O que você pode mudar para evitar que isso aconteça novamente?
- Você fez todo o bem que podia? Ou houve situações em que percebeu que podia fazer algo mais, que alguém dependia de sua ajuda, mas não se movimentou para isso?
- Alguém teria alguma queixa contra você? O que poderia ter feito diferente para evitar ter incomodado ou magoado essa pessoa?
- Em suas relações, você faz o bem pelo bem? Ajuda as pessoas porque sente que isso é bom, sente-se bem por levar a felicidade a outros, ou faz isso tendo em vista receber algum benefício depois, nem que seja o reconhecimento dos demais?

- Você respeita os outros, suas convicções e as suas opiniões? Ou costuma falar mal quando não estão ouvindo, apontar defeitos, incomodar-se porque pensam diferente de você?
- Você toma cuidado com as palavras que fala, ou já feriu alguém por falar algo sem o cuidado com a sensibilidade de cada um?
- Você sente raiva de alguém? Guarda alguma mágoa em seu coração, ou algum desejo de vingança?
- Você exige que os outros entendam as suas dificuldades e fraquezas, respeitem suas vontades e compreendam quando erra, mas não faz isso com os outros?
- Você gosta de apontar pontos fracos de outras pessoas em suas conversas, ou mesmo mentalmente?
- Se você está à frente de uma equipe ou um grupo, no trabalho ou na escola, trata todos com respeito, ou usa sua autoridade para rebaixar os demais?
- Em resumo, em algum momento você tratou alguém de qualquer maneira diferente da que gostaria de ser tratado?

Cada uma dessas questões pode ser respondida rapidamente com um “sim” ou um “não”, mas lembre-se de que o objetivo é meditar sem pressa sobre cada uma delas. Ainda que nossa reação inicial seja sempre de acharmos que estamos certos e que não fizemos mal aos outros. São raríssimas as pessoas que, com um olhar mais cuidadoso para qualquer das questões anteriores, não descobrem vários momentos em suas vidas em que foram, em que foram, afinal, "os vilões da história".

6

NA INTIMIDADE DO SER

É incrível como, algumas vezes, precisamos enfrentar situações difíceis para nos compreendermos melhor.

Eu já passava dos cinquenta anos de idade quando tive, pela primeira vez na vida, a oportunidade de morar só. Não somente morar só, mas também ficar isolado, longe de amigos e familiares, e com dificuldades para estabelecer qualquer novo vínculo – não só por conta das minhas naturais dificuldades psicológicas, mas também por causa de uma rotina de trabalho e estudo que simplesmente não me abria espaço para ter o que chamamos de "vida social".

Muitas vezes, nem sabia o que era que estava me entristecendo. Tinha apenas uma sensação de perda indefinida, de que faltava algo em minha vida.

Os primeiros meses foram difíceis. Lembro-me de mais de uma situação em que me deixei entregar à dor e chorei tão fortemente que fiquei doente depois.

Este foi, talvez, o primeiro e mais fácil aprendizado: sentir-se mal não faz bem. Falando assim parece óbvio, mas foi preciso que eu adoecesse após uma crise de choro (duas vezes!) para perceber o quanto a angústia fazia mal até mesmo para meu corpo físico.

Depois de algum tempo, comecei a mudar de mentalidade.

Em vez de sofrer pelo que não tinha à minha volta, comecei a olhar para dentro de mim. Comecei a descobrir coisas boas que eu gostava de fazer, passei a prestar mais atenção em tudo o que me trazia felicidade.

Aos poucos, uma simples caminhada próximo à natureza começou a me trazer uma paz de espírito, uma sensação de gratidão tão forte por estar vivo que não é possível expressar em palavras.

Comecei a perceber, então, que esse sentimento aumentava, e que a gratidão que eu sentia passava a ser algo maior: por acordar, por ouvir pássaros cantando, por oferecer um bom-dia e um sorriso a alguém que encontrasse.

Passei a gostar da minha companhia, e percebi que tudo pelo que eu tinha passado nos últimos meses, todo aquele sofrimento, era algo que existia apenas dentro de mim.

O mundo continuava o mesmo: com notícias boas ou ruins, com o mesmo sol nascendo e se pondo, com pessoas trabalhando nas mais diversas áreas, com as plantas crescendo lentamente, mudando de acordo com as estações, com pequenos problemas diários e grandes problemas que demoravam a serem resolvidos, com pequenas vitórias diárias e grandes vitórias que mereciam uma comemoração.

O mundo continuava o mesmo, mas eu descobri que não precisava (nem tinha como...) mudá-lo: eu precisava mudar a mim mesmo. Aliás, é a única coisa que realmente temos o poder de mudar!

Percebi que toda a angústia que sentia era resultado de eu estar vivendo no futuro ou no passado. Sofria por coisas que já haviam acontecido, em vez de me focar em superá-las.

Ficava ansioso por coisas que eu gostaria que acontecessem, ou com medo de que coisas ruins ocorressem.

Medo da solidão, de não estar à altura dos desafios, de decepcionar os outros e a mim mesmo, de o mundo estar cada vez pior e eu não poder fazer nada quanto a isso.

Somos bombardeados por tantas notícias ruins que acabamos nos esquecendo de que há muitas notícias boas, que muitas vezes não chegam à mídia porque não chocam, não chamam tanta atenção.

Sim, há guerras, há destruição, há doenças... Mas também há muitas pessoas e organizações trabalhando ativamente pela paz, pela construção de um mundo melhor, pela cura das doenças do corpo, da alma e das doenças sociais.

Então, percebi que não tenho o poder de evitar que a chuva caia, mas posso me movimentar e reunir donativos para aqueles que perderam suas casas.

Não consigo evitar que as pessoas sofram traumas por conta de todas as dificuldades que passam, mas posso oferecer minha atenção e meu abraço, para ajudá-las a superar.

Não consigo tornar os desafios que enfrento mais simples, mas posso resolver uma parte por vez, sabendo que, se não fizer nada, eles não vão deixar de existir.

Por fim, compreendi que errei muitas vezes, e vou continuar errando outras tantas. É normal errar, fazer besteira, saber que algo não deveria ser feito e ainda assim fazer.

Percebi que o que me faz mal não é errar, até porque todos erram; o problema é deixar-me absorver pela culpa, pelo remorso. É ficar incomodado a ponto de o erro que ficou no passado (mesmo que recente...) continuar afetando meu presente.

A culpa é importante para sabermos que erramos. Uma vez que descobrimos isso, podemos descartá-la e passar a construir uma nova rotina, na tentativa de errarmos menos vezes no futuro.

Assim é com todos os sentimentos ruins: não adianta sofrer pelo que passou ou pelo que vai passar. Na verdade, não faz sentido sofrer nem mesmo pelo que estamos passando!

O sofrimento é algo que acontece dentro de nós.

Por pior que seja qualquer situação, ela se torna pior quando nos entregamos ao desânimo, à dor, à culpa, à ansiedade.

Por isso, devemos olhar no íntimo de nosso ser e perceber que temos esses sentimentos.

Aceitá-los, porque todos temos sentimentos ruins.

Procurar as raízes desses sentimentos, tentar entender como eles começaram, e quais são os gatilhos que os reforçam.

Quando os conhecemos, aceitamos e entendemos melhor esses sentimentos ruins. Com isso, pouco a pouco, eles vão perdendo sua força sobre nós, e cada vez fica mais fácil substituí-los por boas memórias, bons sentimentos, pela gratidão de estar vivo e construindo um novo caminho a cada momento.

O mundo continua igual, com mudanças lentas. Nossas mudanças internas também são assim. O que precisamos fazer é dar pequenos passos, pois ficar parado não leva a lugar nenhum.

Agora, sugiro que você feche o livro, coloque-se em um local confortável e silencioso, se possível, e faça uma "viagem interior".

Olhe para dentro de si e responda com sinceridade: "Você está bem?"

Em caso afirmativo, sorria e transborde essa felicidade para quem estiver à sua volta, porque o mundo precisa de felicidade, e ela se multiplica todas as vezes que a oferecemos a outras pessoas.

Porém, se não estiver bem, não há problema: tudo bem não estar bem.

Busque sentir, mais do que pensar, e vá aos poucos tateando esse sentimento, descobrindo o porquê de você não estar bem, e tente caminhar em direção à origem do sentimento.

Vá além das razões óbvias, buscando avaliar suas reações e as motivações ocultas que podem estar mais enraizadas, que nos provocam incômodos em situações que, em outros momentos, talvez não provocassem.

Quando ficar um pouco mais claro por que você não está bem, tente avaliar o que você pode fazer diferente.

O que pode ser visto por outro ângulo, em que pode ter uma ação mais ativa que reativa, como pode mudar para evitar que coisas externas a você gerem incômodos em seu interior.

Viver bem consigo mesmo e saber lidar com adversidades é um dos segredos da felicidade!

7

ESTAR DE OLHOS ABERTOS

Estou escrevendo este livro com uma mensagem por dia. Antes de dormir, limpo minha mente, repasso as coisas que fiz nesse dia. E meus últimos pensamentos antes de relaxar e fechar os olhos são sobre possíveis ideias, buscando levar a meu inconsciente e a quaisquer forças invisíveis que nos cercam o pedido de inspiração para o dia seguinte.

Quando acordo, meu primeiro pensamento é sempre de gratidão por estar vivo, por mais uma oportunidade de estar aqui, de aprender, de acertar, de errar.

É um hábito que desenvolvi ao longo dos anos; abandonando o antigo costume de ficar com a mente lutando contra a preguiça ou já acelerando, tentando lembrar de tudo o que tinha de fazer no dia.

Após o sentimento de gratidão, deixo minha mente flutuar de volta aos fragmentos de sonho que ainda passeiam por ali, buscando alguma inspiração para o que eu vou escrever.

Hoje, eu me lembrei de algo que ocorreu faz alguns meses, que poderia ter passado despercebido ou ter sido interpretado de forma totalmente diferente, mas que em mim acabou gerando grandes reflexões.

Eu estava indo caminhar quando, logo após sair do prédio, ouvi uns chiados insistentes.

Virando em direção ao som, eu vi um rato saltando para fora de um buraco no chão. Ele guinchava muito, olhando em minha direção, depois saltava de novo para dentro do buraco e voltava a repetir tudo.

Com certo medo e um pouco de nojo, sem entender o comportamento estranho do animal, eu me afastei rapidamente, enquanto ele fez menção de me seguir, dando alguns passinhos e chiando, e depois retornou ao buraco.

Aquilo me deixou bem intrigado, e segui meu caminho.

Logo adiante, na calçada, comecei a notar um pó amarelado em alguns locais. Percebi que o pó se concentrava em cantinhos e em buracos da calçada ou nos cantos do edifício.

Imediatamente, entendi o que era aquilo: veneno para ratos.

Quando percebi isso, meu coração acelerou. Por que um rato ficaria saltando para dentro e para fora de seu buraco, enquanto olhava em minha direção e tentava chamar minha atenção? Por que uma criatura do tamanho da minha mão iria se arriscar e tentar até mesmo ir atrás de mim, contra todos os seus instintos?

O motivo ficou claro: ele (que, na verdade, era uma ratazana) queria ajuda. Não para ela, mas para seus filhotes, que estavam morrendo por causa do veneno. Só uma mãe em desespero teria essa coragem!

Imediatamente, meus sentimentos mudaram. Eu tinha sentido nojo daquele serzinho, até mesmo certo medo de que me atacasse ou transmitisse alguma doença, mas ela só estava buscando uma ajuda que seria impossível para eu realizar.

Nesse momento, comecei a refletir: "Quantas vezes vemos pessoas em situação de rua e sentimos o mesmo medo, de que nos ataquem, assaltem, ofendam, ou até repulsa porque, muitas vezes, a vida nas ruas já as deixou em uma condição tão miserável que não têm como se manterem limpas, ou nem mesmo se vestirem com a mínima dignidade?".

Não que esteja comparando seres humanos a ratos, mas sim levando em consideração esse sentimento constrangedor e desagradável que sentimos por pessoas que nos estendem as mãos nas ruas, sem nem ao menos olhá-las.

Quantas vezes falta-nos empatia para entender que quem está ali é uma pessoa que, por mais embrutecida e calejada que seja, por mais que muitas vezes negue até para si mesma, ainda é um ser humano, ou a mãe ou o filho de alguém, que sente dores, cansaço, sofre com o desprezo e a humilhação de ter de pedir ajuda para viver?

Tudo isso me passou pela mente naquele momento. Ao ver uma simples ratazana pedindo ajuda, eu me lembrei de todas as vezes que meu coração endurecido olhou para algumas pessoas com aquele mesmo olhar.

Notem que não estou falando de ajudar, mas sim do olhar, do sentimento, daquilo que temos dentro de nós.

Muitas vezes, não estamos em condições de ajudar alguém, ou mesmo achamos que não devemos dar-lhe dinheiro (a forma mais simples e mais comum de "ajuda"), e não temos como ajudar de outra forma.

Mas senti que eu precisava trabalhar em meu íntimo essa parte, ter mais empatia, dar atenção genuína para quem me pedia ajuda. É isso que tenho feito desde então: busco sempre olhar a pessoa nos olhos, perguntar seu nome, falar meu nome também com um sorriso e, mesmo que esteja com muita pressa, falar pelo menos algumas palavras, nem que sejam: "*Fulano*, perdoe-me, mas não tenho como ajudá-lo(a). Espero que fique bem e consiga a ajuda de que precisa".

Toda essa mudança em mim aconteceu porque eu estava de olhos abertos para o mundo.

Não basta olhar, é necessário observar. Sentir o que as coisas que nos cercam nos provocam de emoções, refletir a respeito.

Desligar nosso piloto automático e olhar para as pessoas à nossa volta, prestando atenção a tudo o que ocorre ao nosso redor.

Quantas vezes, no ônibus, eu vejo pessoas rindo, chorando, com expressão preocupada, com olhar sonhador? Não vou conversar com todos, é claro, mas envio bons pensamentos, agradecendo ou acalentando, interagindo mentalmente, educando meus sentimentos.

Para mim, essa é uma das coisas mais importantes que viemos fazer aqui na Terra, ou pelo menos uma das coisas que dão mais significado à nossa vida: desenvolver a capacidade de se importar, de parar de olhar apenas para si e conectar-se com o mundo à nossa volta.

Expandir esse sentimento de gratidão que mencionei no início deste texto, para que ele transborde de nós e nos ajude a transformar o mundo para melhor, gota a gota.

E você?

Feche o livro e passe a ler o que está dentro de você.

Cerre os olhos, se possível, e busque em seu interior esse olhar.

- O que você pensa logo que acorda? Quais são seus primeiros sentimentos e pensamentos? Eles ajudam você a iniciar o dia de um jeito melhor?
- Se nunca prestou atenção nisso antes... que tal começar agora?
- Deixe este livro na sua cabeceira, hoje à noite, para você se recordar amanhã disso!
- Além disso, relembre a forma como caminha, como anda de ônibus, como se comporta no trabalho. Não seus movimentos, é claro, mas sim a forma interior.
- Você olha em volta? Presta atenção à paisagem, aos animais, às plantas, às pessoas?

- Você se conecta com o mundo e deixa o mundo se conectar com você? Tem os olhos abertos para novas conexões?
- Em caso negativo, se apenas caminha mecanicamente de um lado para outro, se apenas faz o que tem de fazer... que tal tentar fazer diferente?

Pense como você pode fazer isso. Sua saúde e sua felicidade agradecem!

8

PEQUENAS MUDANÇAS

Quando era adolescente, eu queria mudar o mundo. Tudo o que olhava eu criticava, via formas melhores de fazer, bolava grandes soluções que nunca chegavam a ser desenvolvidas, por um motivo ou outro.

Continuo querendo mudar o mundo até hoje, mas, com o tempo, percebi que precisava modificar algumas coisas na minha estratégia. Duas delas, as mais importantes, vieram-me à mente assim que pensei sobre este assunto.

A primeira é que, para mudar o mundo, precisamos ter em mente o objetivo final, as grandes transformações que queremos ajudar a promover, mas apenas como uma estrela que nos guia, que indica a direção da caminhada.

Todas as grandes mudanças demandam envolvimento de muitas pessoas e tempo para serem realizadas e interiorizadas por todos, para que sejam permanentes. Não adianta, portanto, ficarmos ansiosos para ver resultados rápidos.

Precisamos sempre ter o objetivo final em mente, mas nos concentrarmos nas pequenas mudanças que estão ao nosso alcance. Se não fizermos assim, podemos ficar ansiosos por perceber que a mudança é tão grande que parece inatingível e desanimar, deixando de fazer o pouco que poderíamos fazer.

Os árabes têm um ditado interessante: "Quem planta tâmaras não colhe tâmaras". Isso porque a tamareira pode demorar até cem anos para dar frutos, então quem planta essa árvore já faz isso sabendo que não vai ver os resultados de seus esforços.

Então, para mantermos nossa confiança e aplicarmos nossa energia para mudar o mundo, precisamos fazer o mesmo: plantar as sementes da mudança, continuamente, e confiar que o tempo fará seu papel.

A segunda coisa, e provavelmente a mais importante, é que descobri que, para mudar o mundo, precisamos começar com a única coisa que temos o poder real de mudar: nós mesmos.

Não posso obrigar ninguém a fazer algo de forma diferente, nem posso forçar as pessoas a serem mais gentis, menos egoístas, mais atentas ao que fazem ou qualquer outra coisa – mas posso fazer isso comigo mesmo.

O mais interessante é que, as vezes que eu consegui mudar a mim mesmo, percebi que as pessoas à minha volta também modificaram a forma como me tratavam.

Quando passei a dar mais "bons-dias" com um sorriso no rosto, as pessoas começaram a me cumprimentar mais, a sorrir mais para mim.

Quando comecei a oferecer ajuda para os outros, cada vez mais pessoas passaram a me oferecer ajuda quando eu precisava.

Quando comecei a me dedicar mais às minhas obrigações, percebi que as pessoas em torno de mim passaram também a se esforçar mais.

Da mesma forma que não é possível realizar grandes mudanças no mundo de maneira rápida, não podemos também querer fazer uma grande mudança em nós em um curto espaço de tempo. Se seu sonho é ser alguém melhor, por exemplo, não dá para se tornar uma Santa Teresa de Calcutá (1910-1997) ou alguém que você admira de uma hora para outra.

Precisamos plantar tâmaras dentro de nós e ter paciência conosco mesmos, aceitar nossos erros, nossas recaídas a antigos hábitos que queríamos abandonar, enquanto continuamos regando e protegendo nossas sementes de evolução.

Falando mais objetivamente, precisamos investir em pequenas mudanças que nos levem à direção que desejamos.

- Que pequenos hábitos podemos mudar?
- Como você acorda de manhã? Feliz por começar mais um dia, por mais uma oportunidade, ou chateado por ter de se levantar cedo?

- Como cumprimenta as pessoas? Apenas por educação, ou olhando nos olhos e dando um sorriso, realmente desejando que elas tenham um bom dia?
- Como é sua forma de estudar ou trabalhar? Procurando se interessar pelo que faz, mesmo que pareça chato a princípio, por saber que aquilo é uma etapa na construção de seu futuro, ou realiza tudo contrariado, reclamando?
- E nas pequenas obrigações do dia a dia, você tenta dar o melhor de si, fazendo as coisas com cuidado, ou quer se livrar logo das tarefas, preocupado com o que virá depois?

Termine a leitura agora, feche o livro e dedique um tempo para pensar sobre você, revendo suas atitudes e procurando colocar-se no lugar das pessoas à sua volta.

Você conversa, presta atenção, dedica-se aos outros como gostaria que fizessem com você?

Reflita sem pressa sobre esses assuntos, reveja mentalmente as reações das pessoas à sua volta em sua rotina, buscando pistas sobre que tipo de emoções está provocando nelas, e tente avaliar se não poderia ter feito algo diferente.

Não é simples, porque todos tendemos a achar que estamos sempre certos.

Mesmo assim, tente avaliar, com toda calma: "O que você pode melhorar em si mesmo com pequenas atitudes, ainda hoje?"

9

TUDO PARA ONTEM

Com a pandemia da covid-19, eu, como muitas outras pessoas, comecei a trabalhar em casa. Sentia, lógico, a tensão de estar vivendo uma situação que me parecia totalmente inusitada, de estar praticamente preso dentro de casa e ter receio de contaminar-me a cada saída.

Ainda assim, a pandemia impôs-me uma nova rotina que, a princípio, era interessante: acordar um pouco mais tarde, ter tempo (e motivação) para fazer exercícios, comer em casa, de forma mais saudável, todos os dias, e outras coisas do tipo.

A facilidade de estar em casa e de fazer outras coisas além do trabalho, aos poucos, foi gerando novos hábitos, nem todos bons.

Comecei a fazer muitas coisas ao mesmo tempo: enquanto participava de reuniões de trabalho, respondia a mensagens de *e-mails* ou elaborava algum documento; almoçava e assistia à televisão; andava ou mesmo dirigia o carro mexendo no celular; falava ao celular e escrevia, distraía-me com joguinhos ou arrumava a casa...

Eu, que já era acelerado, comecei a ficar ainda mais agitado, falando rápido, andando apressado quando tinha de sair de casa. Também me sentia cada vez mais incomodado com as pessoas que demoravam a me entender e com as coisas que me atrasavam.

Até que, um dia, a realidade óbvia me atingiu com força: as coisas me atrasavam... para quê?

Eu terminava uma tarefa apressado, arriscando não apenas que ela ficasse malfeita, mas pondo em risco minha saúde por causa da ansiedade em terminar logo, apenas para pegar a próxima coisa na lista e começar a fazer.

No ambiente virtual, a mesma pressa se repetia: eram centenas de "amigos" que queria acompanhar nas redes sociais, comentar, curtir; eram milhares de notícias que eu precisava saber, ainda que de modo superficial, ou sentia que estava perdendo algo.

O celular, em particular, tornou-se um principal promovedor de ansiedade, a ponto de eu chegar a me incomodar quando estava sem ele, levando-o até mesmo em caminhadas ao sol ou para comprar pão na padaria. E se algo acontecesse e eu não ficasse sabendo? E se alguém precisasse de mim e eu estivesse incomunicável?

Ora, sou de uma geração que só teve celular depois dos trinta anos de idade. A maior parte de minha vida eu ficava "incomunicável", mas nem por isso o mundo acabou, nem as pessoas deixaram de me amar.

Fiz então uma lista de "decisões" e fixei ao lado de meu monitor, na altura dos olhos, para que eu me lembrasse delas sempre.

Copio aqui exatamente o que escrevi:

- Não fazer nada enquanto estivesse ao telefone.
- Refeições sem TV.
- Não responder *e-mails* ou mensagens ou nada mais durante reuniões.
- Não me distrair com joguinhos de celular em paralelo com outras coisas.
- Não ouvir mensagens de voz no celular ou assistir a vídeos em velocidade acelerada.
- Não olhar o celular para nada enquanto dirigir.
- Falar mais devagar.
- Ficar atento à impulsividade, pensando antes de responder.
- Escolher que projetos interromper, que projetos adiar.
- Meditar / ter horário para pensar diariamente.
- Começar a desacelerar às 21 horas.

Confesso que até hoje não consigo seguir tudo isso.

Mas presto mais atenção quando estou conversando ao telefone e em reuniões, e as pessoas perceberam isso e se sentiram melhor, mais respeitadas.

A digestão melhorou e passei a aproveitar mais os momentos de refeição, sentindo mais o sabor dos alimentos e transformando esse momento em uma oportunidade de relaxamento, quando estou só, ou de convivência, quando estou acompanhado.

Dirijo e caminho com mais segurança, sem a distração do celular.

Quanto mais desaceleramos, mais percebemos a importância de fazer uma coisa de cada vez, bem como a oportunidade de aproveitar a vida e utilizar todos os sentidos para vivê-la.

O olhar e o sorriso dos amigos quando lhes damos atenção, a energia por sentirmos que estamos dando o nosso melhor a qualquer coisa que estejamos fazendo, a tranquilidade de estarmos vivendo a vida sem pressa, tudo isso são elementos que se refletem em nossa saúde e nos estimulam a continuar nesse caminho.

Hoje em dia, é muito comum vermos pessoas assim, como eu era e como ainda sou, em momentos que me deixo levar pelas "necessidades da vida moderna".

São pessoas que não olham em volta, nem mesmo para dentro de si, porque estão ocupadas demais com as milhares de coisas que o mundo virtual lhes oferece, ficando imersas em seus celulares e desconectadas do mundo real que as cerca.

Quando comparamos com a vida virtual, percebemos que a vida real acontece lentamente. Uma planta demora a crescer, o sol demora a subir no céu, o ano demora a passar, nós demoramos a crescer, amar e envelhecer. Da mesma forma, as feridas demoram a cicatrizar, os carinhos bem aproveitados são aqueles oferecidos lentamente, que crescem dentro de nós.

Peço que você termine de ler este capítulo e feche o livro.

Depois, tente ficar quinze minutos, pelo menos, sem fazer nada, exceto pensar.

Primeiro, tente esvaziar sua mente. Note como, a todo momento, surgem pensamentos sobre o que você deveria fazer, ou o que vai fazer, ou o que fez...

Só esse exercício já demonstrará o quanto nossa mente é agitada (todos somos assim!), a menos que a domemos, que a ensinemos a ir mais devagar.

Depois, tente avaliar sua rotina, considerando as seguintes perguntas:

- Você consegue dedicar um tempo, todos os dias, para si mesmo? Um tempo para meditar, rezar ou simplesmente não fazer ou pensar em nada específico, apenas relaxar?
- Quais são os momentos em sua rotina em que você faz duas ou mais coisas simultaneamente?

Pense bem, anote esses momentos, se possível, e avalie se não aproveitaria melhor cada instante se concentrasse sua capacidade de olhar, de ouvir, de cheirar, de tocar, de degustar e de sentir, tudo junto, à mesma atividade.

Pense nisso com calma. São muitos sentidos!

Viver o momento presente nos faz mais tranquilos, torna nossas refeições mais saborosas, nossos trabalhos mais interessantes, nossos momentos de relaxar mais divertidos, nossos amores mais intensos.

Pense em como você pode melhorar sua vida, desfrutando-a a cada momento, intensa e verdadeiramente, e faça sua lista de decisões.

Tenho certeza de que você não vai se arrepender!

10

TREINANDO NOSSA MENTE

Há um antigo provérbio popular que diz: "O hábito não faz o monge".

"Hábito", nesse caso, é o nome que se dá à vestimenta usada por monges e freiras. Falando de outra forma, pode-se dizer, por exemplo, que "a farda não faz o soldado".

Essa expressão é usada para indicar que não se deve julgar ninguém somente pelas aparências, pois uma pessoa pode parecer uma coisa que na verdade não é.

No entanto, ela pode ser interpretada de forma mais profunda.

Se pensarmos que "hábito" significa o costume de fazer alguma coisa, podemos entender que, mesmo que alguém siga diariamente a rotina de um monge, ele não se torna um monge. E por que isso? Porque "ser um monge" é algo interno, significa uma pessoa que vive em função de uma religião, e não simplesmente alguém que se comporta como um religioso.

Nesse caso, a expressão estaria alertando para a necessidade de não fazer as coisas "apenas por fazer", mas entregar-se de coração ao que se faz.

Curiosamente, na vida, só mudamos internamente a partir de nosso convívio com outras pessoas e conforme as ações que realizamos.

Logo, é necessário, sim, desenvolver um hábito contínuo e exterior para que possamos fortalecer nossas mudanças internas.

Para se tornar monge (ou qualquer que seja sua meta de mudança), é preciso desenvolver hábitos e dedicar atenção e emoção a tudo o que fizermos.

Não é possível aprendermos tudo "de primeira", como muitas pessoas querem. Não basta assistir a uma única aula de uma matéria na escola ou realizar um novo trabalho uma só vez para nos tornarmos competentes naquilo.

É claro que cada um tem o próprio ritmo. Há pessoas que aprendem com poucas repetições, e há outras que demandam muito treino para chegarem ao mesmo nível.

No entanto, uma coisa é certa: só aprende, só cresce, só se modifica e se torna uma pessoa melhor quem não desanima.

Mesmo quem encontra dificuldades, quando estuda mais, quando treina mais, acaba por aprender e ganhar confiança e, quanto mais confiança se tem em si mesmo, mais a pessoa descobre o prazer de explorar coisas que ainda não conhece.

Seja aprender Matemática, seja colocar azulejos de maneira uniforme em uma parede, o aprendizado demanda sempre dedicação, repetição e meditação lenta sobre o que se está tentando aprender.

Essa "meditação lenta" é justamente o ato de interiorizar o que se está tentando aprender. Significa buscar avaliar o que se estudou ou praticou, entendendo o que deu certo, e porque deu certo, e rever os erros, descobrindo por que se errou para que não se erre mais.

Com o acesso a informações curtas e rápidas, notícias que são dadas apenas em uma linha, afirmações que tentam "lacrar" todo um assunto complexo em apenas uma frase, nossa mente vai ficando preguiçosa, desacostumando-se a essas reflexões mais profundas, tão necessárias ao nosso crescimento mental e emocional.

Por isso, quando precisamos consumir um conteúdo mais denso, como ler um livro ou assistir a um filme que nos traz muita informação e ensejos para reflexões mais profundas, ficamos com sono. Logo, classificamos o estudo como "chato", mas a realidade é que ficamos com sono porque nossa mente está acostumada com "alimentos" leves demais, com pouca informação e, quando oferecemos a ela um alimento mais completo, ela se cansa. É uma verdadeira "feijoada mental", que precisa de tempo para ser digerida!

E como resolver isso?

Basta modificarmos, pouco a pouco, nossos hábitos mentais.

Em primeiro lugar, devemos exercitar nossa mente estudando mais, prestando mais atenção ao que quer que estejamos fazendo, observando os detalhes, perguntando a si mesmo ou aos outros como poderia ser diferente, avaliando as situações. Também é fundamental não nos determos nas manchetes: se um assunto nos interessa, devemos nos aprofundar nele.

Em segundo lugar, e mais importante, se queremos efetivamente ter uma vida melhor, transformarmo-nos, superar dificuldades e sermos mais felizes, é necessário que também desenvolvamos o hábito da reflexão, da "meditação lenta" que mencionei, analisando nossas ações, o que aprendemos, e o que precisamos mudar para fazer melhor.

Quanto mais conhecermos nossas dificuldades e aceitarmos nossas limitações, mais nos tornamos habilitados para superá-las.

E é apenas nos esforçando, um passo de cada vez, que aos poucos vamos superando essas dificuldades, sejam elas quais forem.

Não fazer nada para mudar porque "é muito difícil" significa que você simplesmente vai continuar sendo como é, com as mesmas limitações e dificuldades, daqui a cinco, dez, cinquenta anos.

Feche este livro por alguns momentos e busque fazer uma revisão mental sobre como você é. Escrever seus sentimentos, de alguma forma, ajuda nessa reflexão.

- Quais são as suas dificuldades nos estudos? Você não entende bem Matemática? Gostaria de falar outro idioma e não consegue? Ou há algo mais?
- Quais são as suas dificuldades no ambiente profissional? O que você não consegue fazer bem? O que precisa mas não gosta de fazer?
- Quais são as suas dificuldades nos relacionamentos? Com quem você tem dificuldades de conviver? Quais são elas?
- Quais são, por fim, as suas dificuldades consigo mesmo? Essa é a reflexão mais difícil, pois tendemos a ocultar de nós mesmos nossas limitações, mas procure nas perguntas anteriores algumas pistas.
- O que você faz que não lhe faz bem? O que faz e depois o deixa triste? O que faz e de que você depois se arrepende, pois deixou os outros tristes?

Reveja a lista de suas dificuldades e pense nos primeiros passos a seguir.

Você não vai aprender inglês, deixar o vício de fumar ou se tornar uma pessoa mais agradável com sua família somente em um dia.

Mas, se não começar de algum modo, mesmo que aos poucos, e não estiver sempre em busca de melhorar, daqui a algum tempo vai continuar do mesmo jeito.

Não existe isso de "eu sou assim" ou "eu não consigo". Todos mudamos, querendo ou não.

Que tal, então, direcionar seus passos para mudanças que deixem você mais feliz?

Feche o livro e pense nisso!

11

O QUE DÁ SENTIDO À VIDA

Durante praticamente toda a minha vida, eu morei somente em uma cidade. Tive a oportunidade de viajar por aqui e por ali, mas sempre por pouco tempo, a trabalho ou de férias, e acreditava que minha cidade era a melhor para se viver.

Há alguns anos, no entanto, fui ministrar um curso de longa duração em uma localidade distante. Foram dois anos morando em uma cidade onde tudo era diferente da minha, desde a história e o estilo dos edifícios até o dialeto e o jeito de ser das pessoas.

Apesar de estar vivendo um momento particularmente difícil da minha vida, essa foi uma experiência incrível, ou talvez até por causa disso, pois, de certa forma, a mudança de ares ajudou a curar meu coração, e acabei me associando a outra cidade com uma sensação de acolhimento e alegria.

Retornei à minha cidade original, mas esse sentimento permaneceu, a ponto de eu desejar retornar à cidade onde havia morado para experimentar novamente essa sensação.

Cinco anos depois, consegui viajar para lá novamente, como turista.

Visitei locais de que eu gostava, caminhei pelas ruas que me faziam sentir bem, voltei a restaurantes conhecidos e fui atendido pelos mesmos garçons.

Estranhamente, tudo me pareceu sem cor, um reviver pálido de algo que havia sido vibrante e interessante. Ao prestar atenção a isso, imediatamente percebi o que faltava: alguém para compartilhar esses momentos.

Revendo as memórias de toda a minha vida, ficou claro para mim que o que sempre deu significado aos momentos especiais foram as pessoas.

Se retornasse hoje ao local onde dei o primeiro beijo, esse seria apenas um local.

Se voltasse à escola em que estudei por muitos anos e fui muito feliz, poderia me admirar de quanta coisa mudou, de quanta coisa não havia mudado, mas com certeza tudo o que eu veria seriam prédios.

Se visitasse a casa onde vivi a minha infância, reconheceria as paredes, teria momentos breves de felicidade ao ver as árvores em que subi ainda maiores, mas toda a alegria viria de recordações das brincadeiras com meus irmãos, dos momentos felizes com meus pais.

Isso é tão óbvio que provavelmente você que está lendo isso deve achar cansativo, mas, muitas vezes, o que é óbvio quando pensamos não é o óbvio quando sentimos, e tampouco é o que efetivamente fazemos.

Uma casa, uma escola ou um local de trabalho vazios são apenas construções sem vida.

Uma cidade bonita, cheia de pessoas que não conhecemos, representa apenas um mar de possibilidades, que pode causar um deslumbramento inicial por ser novidade, mas que não passará disso se não nos envolvermos com os habitantes do local.

Sabendo disso, será que estamos aproveitando a vida da melhor forma?

Será que estamos valorizando o que realmente dá sentido à vida?

Muitas vezes, temos dificuldades com as pessoas com quem convivemos, mas sem elas o que seria nossa vida?

É importante lembrar que, a cada momento, estamos construindo novas memórias. O que você está fazendo hoje é o que vai recordar, com um sorriso no rosto ou com uma dor de arrependimento no coração, amanhã.

É essencial, portanto, cultivar boas relações, viver bem com as pessoas que nos fazem bem – e eventualmente se afastar daquelas que lhe fazem mal.

Para conseguir esse discernimento, é necessário parar e pensar com tranquilidade sobre nossos relacionamentos, sem estar envolvido em nenhuma emoção em especial.

Faça isso agora!

Termine esta leitura, feche o livro e os olhos, e repasse mentalmente as pessoas com quem você convive em casa, no trabalho, na escola e em outros locais.

- Quais são aquelas que lhe querem bem, que você percebe que são interessadas em seu bem-estar, que lhe apoiam e orientam, que tentam ajudá-lo de alguma forma?
- Quais são as pessoas que você quer bem, que você gostaria de ajudar e de ter a seu lado nos momentos de dificuldades?

É importante ressaltar que são as pessoas que dão significado à nossa vida. Por isso, reveja sua história com elas, lembre-se dos momentos bons, dos momentos ruins, e avalie se você as está tratando da forma como mereciam ser tratadas.

Existem relações positivas, que constroem, e relações tóxicas, destrutivas, em que um dos lados está sempre exigindo do outro mais do que pode oferecer.

Dedique um tempo lembrando-se daqueles que estão sempre a seu lado, descubra quem realmente dá sentido a sua vida e demonstre isso.

Não aceite conviver com alguém que não o valoriza, mas nunca seja a pessoa que não valoriza quem lhe quer bem!

12

SONHOS

Costumo dizer que há dois tipos de pessoas: as que conseguem realizar seus sonhos e as que desistem antes de vê-los realizados.

É sempre bom deixar claro que me refiro a sonhos de futuro, plausíveis, de coisas que você deseja fazer ou atingir, não sonhos distantes da realidade, como criar asas e sair voando, ou respirar embaixo d'água sem nenhum equipamento.

Mesmo assim, muitas pessoas vêm me dizer que não é bem assim, que há sonhos impossíveis de serem realizados, que eu deveria mudar essa frase; porém, continuo acreditando nisso.

Claro, há aqueles que dizem sonhar com algo, mas não se movimentam. Quantos falam da boca para fora que "sonham em ser ricos", mas somente o que fazem é jogar na loteria toda semana? Isso não é um sonho, é no máximo um desejo distante, algo que a própria pessoa não acredita que conseguirá, mas ainda assim insiste em tentar mudar seu futuro, para ver se "dá sorte".

O sonho verdadeiro é um direcionador de todos os esforços. Alguém que sonha com algo que realmente deseja se esforça para ir atrás desse ideal, por mais distante que pareça.

Em uma palavra, a pessoa tem fé que vai atingir aquele resultado.

Não uma fé divina, que por mera vontade fala para uma montanha: "atire-se ao mar", e a montanha obedece; mas uma fé humana, que busca uma pá, depois um trator, depois monta uma empresa com milhares de funcionários, e por fim move, passo a passo, a montanha para dentro do mar.

Imagine uma criança, nascida em plena corrida espacial para colocarem o primeiro homem na Lua, que sonha em ser astronauta. Seu sonho era o mesmo de milhões de crianças pelo mundo, que assistiam a filmes, liam revistas em quadrinhos de ficção científica e com um pouco de sorte assistiram pela TV às imagens do primeiro homem a pisar na Lua: o astronauta norte-americano Neil Armstrong (1930-2012).

Uma criança do interior do Brasil teria alguma chance de se tornar astronauta? Com certeza, essa criança ouviria muitas pessoas falarem para desistir de seu sonho, porque era impossível. Mas aqui vem a melhor parte: essa é a história do primeiro brasileiro a ir ao espaço.

Ter fé em si mesmo move montanhas de dificuldades, ou mesmo montanhas de terra e pedra.

No entanto, há montanhas que são muito mais difíceis de serem movimentadas: aquelas dentro de nós.

Mover uma pilha de areia de um lado para o outro demanda uma pá, um carrinho de mão e algumas horas de esforço. Nada complicado, mas a pilha de areia não vai sair do lugar se não houver um componente essencial dentro de nós: vontade.

Como cultivar essa vontade dentro de nós? Como acreditar mais em nosso potencial? Como deixar de se desanimar ao encarar um desafio que parece grande demais, quando iniciamos uma obra que, sabemos, demandará anos de esforço e aperfeiçoamento?

Essas são as maiores montanhas, as que realmente merecem nossa atenção e esforço para serem movidas.

Agora, vou lhes contar um segredo, algo que não falo a ninguém, sobre a frase com que comecei o texto.

Para cada criança que consegue mover montanhas e se tornar astronauta, muitas outras pessoas que tiveram o mesmo sonho não chegaram ao espaço. Muitas delas desistiram, é verdade, e outras nem começaram a tentar, amedrontadas com a imensidade do desafio; mas também muitas continuaram tentando, não desistiram, mas ainda assim não chegaram aonde ele chegou.

O segredo é que essas pessoas que não desistiram, a meu ver, também realizaram seus sonhos!

Quando você tem um sonho, ele serve como um norte, como as antigas embarcações, que usavam a estrela-guia para saber para que lado deviam seguir. Esses antigos barcos não tinham a pretensão de chegar até a estrela, mas sabiam que seguir na direção da estrela, ou em outra direção calculada a partir dela, podia levá-los em segurança para qualquer lugar que desejassem chegar.

Muitos que tentaram ser astronautas podem ter se tornado excelentes engenheiros, outros devem ter seguido carreira como pilotos de avião, outros ainda podem ter se tornado escritores e vivido, a partir de seus livros, as aventuras que sonhavam quando crianças.

Uma pessoa que trabalhou a vida inteira em direção a um sonho, da mesma forma, já o realizou, pois seguiu sempre com um objetivo, algo que a animava de manhã, que a ajudava a tomar suas decisões e que colaborou para que se tornasse alguém melhor, mais ativo, mais feliz.

Independentemente de atingirmos nossos sonhos, precisamos ter fé em nós mesmos, acreditarmos e nos movermos, porque, se não sabemos aonde vamos realmente chegar, com certeza, permanecer onde estamos, sem uma direção, não nos levará a lugar nenhum.

Peço então que, agora, feche o livro e pense nos seus sonhos.

Não apenas nos sonhos de hoje, mas naqueles que você pode ter deixado para trás.

- O que queria ser quando era criança? Desenhista, artista de televisão, cantor(a), fazendeiro(a), professor(a), cientista?

- Pergunte a si mesmo: se, hoje, pudesse fazer qualquer coisa de que realmente tivesse vontade, sem se preocupar com dinheiro, dificuldades de aprendizado ou outros empecilhos, o que você faria?

Dedique um tempo pensando sobre isso.

Talvez você não se torne um(a) professor(a) em uma escola, mas pode ensinar a quem quer aprender.

Talvez você não se torne um(a) pintor(a) famoso(a), mas o que o impede de comprar um caderno e desenhar as próprias obras de arte?

Pode ser que nunca se torne um(a) cientista famoso(a), mas, ao estudar temas que o empolgam, com certeza terá uma vida mais feliz.

E se seu sonho, sua montanha, for daquelas mais difíceis de alcançar, se deseja se tornar uma pessoa melhor, se quer muito vencer um vício, se deseja parar de ter acessos de raiva ou de falar mal de outras pessoas...

Se se dedicar a isso por toda a sua vida, pode ter certeza de que, mesmo que a montanha não tenha se movido para o mar, ela estará bem menor, causando bem menos problemas a você!

Redescubra quais são seus sonhos, anote-os em uma folha de papel, ou em um caderno, para não se esquecer, em um local visível, e pense em qual será o primeiro passo, mesmo que pequeno, que você vai dar em direção a eles.

Sua saúde, sua felicidade e seu eu do futuro com certeza lhe agradecerão por isso!

Muitos que tentaram ser astronautas podem ter se tornado excelentes engenheiros, outros devem ter seguido carreira como pilotos de avião, outros ainda podem ter se tornado escritores e vivido, a partir de seus livros, as aventuras que sonhavam quando crianças.

13

PERDOAR PARA SER FELIZ

A vida é um somatório de alguns momentos felizes e de pequenas dores, de intensa felicidade e realização, e momentos de sofrimento imenso, com todas as variações possíveis de emoções entre ambos.

Cada um sabe da própria vida, e jamais devemos minimizar o sofrimento alheio, pois nunca sabemos exatamente o que se passou e como isso foi sentido internamente.

Da mesma forma, precisamos nos esforçar para compreender que a outra pessoa não consegue entender o que se passa dentro de nós, por isso muitas vezes nos fere.

Há algum tempo, tive a oportunidade de conversar com uma pessoa que eu havia magoado profundamente. Anos haviam se passado, as feridas estavam cicatrizadas, ou quase, e pudemos conversar abertamente sobre o que houve.

Obviamente, pedi-lhe desculpas pelo sofrimento que provoquei, e a conversa continuou, passando para acontecimentos anteriores ao momento fatal.

Tratava-se de um relacionamento que estava se desgastando ao longo do tempo, e no qual, de acordo com minhas memórias e sentimentos, havia muitas vezes sido desprezado, incomodado, apesar de meus esforços para resolver os problemas que levavam a isso.

Qual não foi minha surpresa quando descobri, nesse diálogo, que a pessoa sentia o mesmo que eu: que havia sido desprezada, muitas vezes abrira mão do que queria, tudo em prol de resolver as dificuldades entre nós.

Mesmo tendo nos relacionado por um longo tempo, descobrimos ali que éramos ainda incapazes de entender o que se passava verdadeiramente dentro do outro.

Por muito tempo, antes dessa conversa, carreguei uma mágoa dentro de mim, um incômodo pelo tempo e pelo esforço dispendidos na tentativa de resolver algo enquanto, segundo minha visão, a outra pessoa não fazia a parte dela.

Percebi, então, que compreender o ponto de vista dela me ajudou a perdoá-la, e que o perdão não tinha nada a ver com a ideia de julgamento e punição. Muitas vezes, trazemos de nossa educação civil e religiosa a ideia do perdão como uma liberação do criminoso de seus crimes, ou de um pecador de suas transgressões.

Perdoar, em geral, é associado à ideia de que aceitar que o mal que nos fizeram não foi importante, e que a pessoa estaria liberada para continuar fazendo o mal, a nós mesmos ou aos demais.

Não se trata disso!

Ainda que, em determinado nível social, o perdão concedido pela lei significa que a pessoa não será punida por seu crime, em um nível pessoal, ele tem muito mais a ver com quem perdoa do que com quem é perdoado.

Independentemente de quem nos fez mal e do que ocorreu, não perdoar significa carregar um ressentimento. Representa dizer para nós mesmos que a dor que sofremos continua ali, doendo.

Não perdoar é apenas prolongar a dor, permitir que continue dentro de nós machucando, ligando-nos a quem nos fez sofrer.

O perdão, em um nível pessoal, portanto, é uma libertação de nós mesmos. É entender que os motivos da outra pessoa são inacessíveis para nós, por isso não vale a pena perder o nosso tempo tentando descobrir o que a levou a nos ferir.

Perdoar é aceitar que o que nos ocorreu está no passado e não precisa nos afetar no presente.

Você pode perdoar alguém e ainda assim querer continuar afastado, não desejar a amizade ou o simples contato social com aquela pessoa.

Também pode perdoar alguém e, ainda assim, procurar reparação na Justiça.

Perdoar não significa esquecer o que ocorreu, mas não deixar que o que aconteceu continue fazendo mal a você.

É aceitar que o outro é diferente, não consegue entendê-lo, não tem os mesmos valores ou simplesmente não tem força de vontade para seguir os valores em que diz acreditar. É preciso entender que cada um tem seu jeito de ser, e, se a pessoa não lhe faz bem, basta se afastar dela.

Não há sentido em reservar espaço em seu coração, seu lugar mais sagrado, para abrigar alguém que não deseja mais em sua vida.

Perdoar é não desejar vingança, nem esperar por desculpas para poder se sentir bem. É gradualmente ir amenizando sua raiva e sua dor, é não ficar feliz com o mal que possa acontecer ao outro. É, se possível, desejar o bem, querer que o outro melhore, para que não faça com outras pessoas o mesmo mal que lhe fez.

Devemos sempre buscar ter empatia, tentando nos colocar no lugar da outra pessoa sem julgá-la com tanta severidade. Mesmo que não compreendamos seus motivos, aceitar que as pessoas são diferentes nos ajuda, aos poucos, a construir as bases para o perdão em nossos corações.

Quando nos libertamos do ressentimento, mesmo aqueles sentimentos que guardamos escondidos de todos, até de nós mesmos, nosso coração fica mais leve e mais aberto à felicidade. Não devemos perdoar pelos outros, para libertá-los de qualquer coisa, mas para nós mesmos.

Agora, vou lhe propor que, ao terminar a leitura deste capítulo, feche o livro e dedique um tempo para pensar com calma sobre esse tema.

Mais do que pensar: sentir.

- Quem você precisa perdoar? Antigos amores? Pais ausentes ou violentos? Filhos que se afastaram? Amigos que traíram sua confiança? Pessoas que amava, mas que se destruíram, apesar de seus conselhos?
- Tente se lembrar de sua infância, dos anos que se seguiram, de cada importante momento ou período de sua vida. De quem você ainda guarda mágoa no seu coração?

Depois desse exercício, vou lhe propor que faça um mais profundo, e que volte a ele nos próximos dias, porque ele é bem mais complexo.

Observe seu interior e tente descobrir o que precisa perdoar em si mesmo.

- Você se culpa por ter feito algo errado?
- Que atitudes tomou que pareciam sensatas, ou mais agradáveis, ou melhores, e que logo depois geraram sofrimentos a você ou a outras pessoas?

Perdoar outras pessoas é difícil, algo que só conseguimos com esforço contínuo. Mas praticar o autoperdão, verdadeiramente não se culpar, aceitar que você também pode errar e que o erro é meramente parte de um processo de aprendizado, isso é muito mais difícil.

Difícil, mas possível. E vale a pena!

Feche o livro agora e comece, neste exato momento, essa jornada na qual cada passo tornará você mais feliz!

14

A IMPORTÂNCIA DO TRABALHO

A palavra "trabalho" possui uma origem interessante, que remonta ao latim.

Na época do Império Romano, havia um instrumento de tortura chamado *tripalium*, que era formado por três estacas (*tri-* + *palus*) e era usado para prender e imobilizar os escravos ou prisioneiros para punições. Eventualmente, esse vocábulo começou a ser associado ao esforço e à dificuldade, refletindo a ideia de uma atividade penosa e árdua. Com essa evolução, o verbo "*tripaliare*" no latim vulgar, que significava 'torturar', evoluiu para significar 'trabalhar arduamente'.

Na direção oposta, há uma frase interessante atribuída a Confúcio (551 a.C.-479 a.C.), famoso sábio chinês: "Aquele que encontra um trabalho de que gosta, não trabalha nunca mais".

O que é o trabalho, então? Uma tortura ou um prazer?

Após muitos anos trabalhando em diversas áreas, cheguei a algumas considerações muito importantes.

A primeira delas é que o trabalho pode ser tanto uma tortura quanto um prazer, e isso depende menos do trabalho em si do que de nossa postura interna.

Certa vez, li uma frase escrita na parte traseira de um caminhão que reflete muito bem isso: "Não tenho tudo que amo, mas amo tudo que tenho".

Já tive minha cota de trabalhos cansativos ou muito desagradáveis, mas, depois de chegar a essa consideração, sempre os encarei como desafios pessoais, buscando formas de vencer as minhas dificuldades em executá-los e me animando quando conseguia alcançar pequenos resultados.

Em vez de reclamar e me sentir torturado, busquei dar o melhor de mim, fazendo o trabalho com capricho. Isso não só acabava por tornar o trabalho um prazer, como também me abriu portas para outros trabalhos, ainda mais interessantes.

Só isso já valeria a pena como algo a todos considerarem, porque se vivemos oito horas ou mais por dia trabalhando, se não somos felizes no trabalho, estamos desperdiçando a maior parte de nosso tempo acordados.

E, é claro, precisamos lembrar que a busca por felicidade pode passar também pela procura de outros trabalhos e de novas habilidades que nos abram outras portas.

Além disso, há outra consideração, tão ou mais importante que essa: o trabalho, mais do que uma atividade realizada para ganhar dinheiro, é o grande motivador da vida, é de onde temos o potencial de extrair a verdadeira felicidade.

Falando assim, pode parecer exagero, mas as estatísticas estão a meu favor: quando olhamos as taxas de mortalidade por idade, é possível perceber que elas se elevam nos primeiros anos após a aposentadoria, para depois voltarem à curva normal presente em todas as idades.

Fiz algumas pesquisas para ter certeza de que isso era verdade antes de escrever, pois já tinha ouvido falar, mas não tinha cem por cento de certeza disso, e encontrei vários textos sobre o assunto, incluindo um intitulado "*Association between retirement and mortality: working longer, living longer?*"[1] ("Associação entre aposentadoria e mortalidade: trabalhar mais, viver mais?"), que é um conteúdo que agrega muitos estudos na área e confirma essa relação.

Já outro estudo, intitulado: "*Why do Retirees Die Soon After Retirement?*"[2] ("Por que aposentados morrem cedo depois da aposentadoria?"), fornece a "receita" de como sobreviver nos primeiros anos após se aposentar: trabalho!

---

1. SEWDAS, Ranu; WIND, Astrid de; STENHOLM, Sari; COENEN, Pieter; LOUWERSE, Ilse; BOOT, Cécile; VAN DER BEEK, Allard. Association between retirement and mortality: working longer, living longer? A systematic review and meta-analysis. *Journal of Epidemiology & Community Health*, [*on-line*], Feb., 2020. Disponível em: https://jech.bmj.com/content/74/5/473. Acesso em: jan. 2025.
2. LEONA. Why do Retirees Die Soon After Retirement? *Elder Guru*, [*on-line*], mai. 2024. Disponível em: https://www.elderguru.com/why-do-retirees-die-soon-after-retirement/. Acesso em: jan. 2025.

O trabalho, seja remunerado, seja voluntário, é o que eles chamam de "atividades significativas", ou seja, que dão propósito à vida, fazendo as pessoas se sentirem úteis, e é justamente isso que faz que sejam mais felizes e preservem sua saúde.

Muitas pessoas passam a vida reclamando de seus empregos e, com isso, perdem a oportunidade de buscarem formas de serem felizes no trabalho (ou procurando outros), sem saber que, por pior que pareça determinada atividade, é o ato de trabalhar que nos mantém vivos.

Trabalhar é ser útil. É exercitar o corpo e a mente de forma constante.

Encontramos verdadeiro sentido no trabalho quando percebemos que o que fazemos pode beneficiar outras pessoas.

Somos pequenas engrenagens de um grande mecanismo social, então às vezes esse sentido não fica muito evidente.

Quem trabalha separando material para reciclagem, muitas vezes, não vê diretamente os benefícios dessa atividade para reduzir o impacto ambiental do consumo excessivo. Quem trabalha organizando papéis em um escritório não percebe quanto seu esforço está colaborando para o bem-estar da sociedade. Em grande parte das profissões, as pessoas não conseguem sentir o quanto aquilo que fazem contribui para melhorar a vida dos outros.

Por isso, as atividades voluntárias ajudam tanto a encontrar esse sentido maior no trabalho. Quando divertimos crianças em orfanatos, ouvimos histórias de idosos em casas de repouso ou trabalhamos em equipe para ajudar quem tem menos que nós, percebemos diretamente o brilho de felicidade nos olhares daqueles que ajudamos.

Ressalto que, de todas as felicidades que experimentei, percebi que esta é a mais duradoura, que segue comigo por diversos dias depois de cada trabalho.

Vamos parar por aqui e passar para nosso exercício mental, localizado ao fim de cada leitura.

Não siga adiante! Faça uma pausa e dedique algum tempo para avaliar como esse conteúdo pode influenciar sua vida, o que ele significa para você.

- Como é sua relação com seu trabalho?
- Você é feliz, genuinamente, trabalhando?
- Consegue se empolgar com os desafios, divertir-se com as relações que estabelece no ambiente profissional?
- O que você pode fazer para aumentar sua satisfação nas oito horas (ou mais) diárias em que se dedica a trabalhar?
- E o que pretende fazer quando, um dia, se aposentar? Se hoje ganhasse na loteria e não precisasse mais trabalhar, que atividade você faria, o que lhe daria motivação, fazendo que se sentisse útil para as pessoas e a sociedade?

Dedique um tempo pensando nisso. Lembre-se de que anotar suas impressões e decisões sempre ajuda a elaborar o pensamento e chegar a considerações ainda mais profundas, tanto hoje quanto em uma leitura futura.

Faça isso, então. E bom trabalho!

15

ENFRENTANDO SEUS MEDOS

Estou escrevendo este capítulo de manhã cedo, logo ao acordar.

Ao meditar por algum tempo, em busca de inspiração, eu me lembrei de um sonho que tive no meio da noite e que me fez acordar com o coração acelerado pelo medo.

Não vou entrar em detalhes, mas posso dizer que meu sonho girou em torno de um de meus piores medos: o de me ver em uma situação em que alguém que amo está em perigo e eu não posso fazer nada.

Também não vou citar aqui, mas, se digo "um de meus medos", já ficou claro que tenho muitos.

Alguns são maiores, outros são mais fáceis de controlar, mas todos me incomodam em determinado momento.

E tudo bem com isso.

Tudo bem, porque todos temos medos. É normal sentir medo, angústia, indecisão, raiva, desânimo e outros sentimentos negativos. Somos seres maravilhosamente imperfeitos e, como tais, estamos sujeitos a emoções básicas e sentimentos sofisticados de todos os tipos.

Tudo bem, porque todos estamos aprendendo. Faz parte de nossa trajetória começarmos simples e ignorantes, totalmente dependentes de quem cuida de nós nos primeiros anos, e, aos poucos, vamos nos tornando independentes, crescendo em corpo e em espírito (ou em "mente", se você preferir).

Como parte de um grupo social, em que a sobrevivência e a felicidade individual dependem de muitos outros, a busca de nossa felicidade passa, sempre, por nos tornarmos mais integrados a esse grupo.

O que não está bem, se estamos procurando ser mais felizes, é ignorar nossos medos, fingir que não existem e, portanto, não fazer nada para encará-los e superá-los.

Lembro-me de que, quando era adolescente, eu era extremamente tímido. Falar com qualquer pessoa que não conhecesse era uma tortura. Tentar conhecer alguém por quem me interessasse, então, era quase impossível. Suava frio, o coração acelerava, o corpo inteiro travava, gritando para mim que saísse dali correndo.

Várias vezes, cedia ao medo, e tudo bem com isso. Mas aquilo me incomodava, e, cada vez, eu reunia um pouco mais de forças, até que, aos poucos, ia criando coragem e, quando conseguia vencer o medo e tentar algo novo, ficava orgulhoso de minha coragem – mesmo quando tudo dava errado.

Meu primeiro beijo foi aos dezesseis anos, em um namoro curto que durou menos de três meses. Na época, eu era um dos poucos meninos que ainda não tinham beijado. Depois que terminamos, só tive outra namorada aos dezoito anos.

Se não fosse minha a luta contra o medo, não teria seguido em frente.

Não teria escrito livros, não teria conseguido empregos, não teria me casado e tido dois lindos filhos, não teria viajado, nem teria vivido as mais variadas aventuras.

Certa vez, cheguei até mesmo a ajudar uma pessoa a não se afogar, e eu mesmo mal sabia nadar!

Cada pequena ou grande vitória representam um passo a mais na luta contra o medo; por isso, reforço: tudo bem ter medos, o que não está bem é não fazer nada para superá-los.

É difícil, eu sei.

Mas vale a pena!

Vencer um medo é um caminho longo e árduo, que começa por reconhecermos nossos receios, que podem ser simples, como medo de aranhas ou baratas, até aqueles difíceis de aceitar, como o medo de manter um relacionamento estável com alguém.

Muitas vezes, precisamos desenterrar de nosso passado os motivos de sentirmos esses medos, em recordações dolorosas, mas necessárias. O auxílio de um psicólogo é essencial para isso, especialmente se você sente medos que não consegue explicar ou trabalhar adequadamente.

Cada vez que conseguimos superar um de nossos medos, nossa vida se torna um pouco melhor. Quantas pessoas se mantêm em um relacionamento tóxico por medo de não encontrarem alguém que as ame, ou medo de não merecer amor? Quantos permanecem em situações complicadas por medo de não terem como se sustentar sozinhos? Quantos deixam de visitar parentes ou conhecer novos lugares por medo de viajar? Quantos ficam anos sem conversar com alguém que amam por medo de rejeição ou de serem acusados por algo que fizeram?

Em sua origem, o medo é algo positivo, que visa nos preservar de uma situação que possa nos causar dor ou sofrimento emocional. Por isso, devemos ouvir nossos receios, entender o que querem nos dizer, e então trabalhar para resolver as questões mais íntimas associadas a essa emoção e seguir em frente.

Vencer o medo não significa ser descuidado, mas dar pequenos passos para entender esse sentimento e em direção a uma solução de suas causas, seja enfrentando o medo, seja buscando outras situações nas quais o medo não faça mais sentido.

Trata-se de um assunto complexo, que só você pode avaliar, descobrir caminhos para chegar à solução dos problemas e resolvê-los.

Termine a leitura e comece a refletir sobre esse conteúdo com calma.

Dedique alguns minutos pensando sobre que tipo de sonhos você tem ao dormir; que incômodos e angústias costuma sentir em seu dia a dia; quais são os medos explícitos e os implícitos que carrega.

Anote tudo enquanto pensa, porque alguns medos são fáceis de detectar, mas outros necessitam de pensamentos mais elaborados, até considerar que, no fundo, tudo isso é fruto dos medos que carrega.

Para encontrar pistas sobre esses últimos, tente avaliar as dificuldades que enfrenta com seus pais, seus filhos, seus familiares.

Reflita sobre os problemas surgidos em seu ambiente de trabalho ou na escola, o que falta nesses locais para serem exatamente do jeito de que gostaria. Pense em seus desejos e em vontades que você tem, mas que não busca realizar.

Será que alguma atitude diferente de sua parte poderia mudar a situação?

E, em caso afirmativo, por que você não dá o primeiro passo para superar seus medos.

Acredite que, mesmo que nada dê certo, você se sentirá orgulhoso de ter tentado dar esse passo. E isso vai torná-lo(a) mais forte e confiante para seguir em frente!

Reflita sobre os problemas
surgidos em seu ambiente
de trabalho ou na escola,
o que falta nesses locais
para serem exatamente
do jeito de que gostaria.
Pense em seus desejos
e em vontades que você tem,
mas que não busca realizar.

16

FAZER O BEM

Há muitos anos, tive a oportunidade de presenciar uma situação que me marcou tanto que nunca esqueci.

Eu estava na rodoviária de Brasília, em um daqueles dias muito quentes e abafados, que tornam até mesmo nossa respiração difícil, quando notei uma senhora já idosa ao meu lado. Mal protegida do sol por um guarda-chuva velho, ela estava sentada na calçada quente, segurando uma garrafa de plástico cortada, pedindo esmolas.

Um rapaz, passando por ali, olhou para ela e, imediatamente, correu para o comércio próximo. Pouco tempo depois, ele retornou segurando uma garrafa de água gelada.

Ele se inclinou, com um sorriso nos lábios, e perguntou o nome dela. Ela devolveu o sorriso como pôde, falou seu nome e ele lhe deu a garrafa, dizendo-lhe que não era bom ela permanecer ali, naquele dia quente.

A senhora agradeceu-lhe, emocionada, e começou a contar a triste história que a levara até aquele ponto. O rapaz ouvia tudo atentamente, colocando a mão no ombro dela por algumas vezes, como para lhe transmitir algum tipo de conforto.

Sentindo-se acolhida, ela começou a chorar e ele se aproximou mais, abraçando-a. Ela chorou por alguns momentos em seu ombro, depois levantou a cabeça, e ele se afastou. A senhora agradeceu-lhe pela atenção, e o rapaz desejou que ela ficasse bem, na medida do possível.

Quando se levantou, o jovem notou que uma pequena multidão havia se reunido ao redor, cheia de curiosidade pelo choro da idosa e, talvez, pela atitude dele.

Um senhor ao meu lado perguntou o que havia acontecido, e o rapaz, com algumas lágrimas nos olhos, respondeu somente: "A vida", e foi embora.

Todos os dias, encontramos alguém que está em dificuldade. Às vezes, são pessoas em situação de rua, abandonadas pela família e pela sociedade. Ou mesmo pessoas que estão sentadas ao nosso lado na escola, no ambiente de trabalho ou no transporte público.

Em nossa rotina de assistir aos vídeos mais recentes das redes sociais, rir dos memes, saber das notícias, interagir com milhares de amigos e desconhecidos, abaixamos os olhos para nossos celulares e nos esquecemos de olhar em volta.

O suicídio e a depressão tornaram-se a nova pandemia mundial, com índices que se elevaram muito à época da covid-19 e que, depois, só continuaram a aumentar.

Muitas pessoas estão carentes de atenção, de se sentirem humanas, de terem conexões reais, e uma pequena conversa no ambiente de trabalho pode, sem que saibamos, salvar uma vida.

Olhe em volta. Observe o que cada pessoa traz em seu olhar.

Se fizer esse exercício, você consegue perceber sentimentos de tristeza, contrariedade, raiva contida, bem como alegria e boa disposição.

Dar atenção a alguém é a forma mais fácil e mais duradoura de conseguirmos não só a atenção de que muitas vezes nós mesmos precisamos, mas também felicidade e satisfação.

Estudos realizados em Harvard[3] comprovam que pessoas que realizam conscientemente cinco atos de gentileza durante um dia têm uma sensação de felicidade que dura por muitos dias.

Assim, se você for gentil apenas um dia por semana, provavelmente vai se sentir feliz todos os dias.

Imagine, então, como se sentirá se for gentil diariamente?

Quando falamos em "fazer o bem", muitas vezes, pensamos somente no ato material, no dar dinheiro ou alguma coisa física a quem precisa. Mas fazer o bem é muito mais que isso.

---

3. LYUBOMIRSKY, S. The how of happiness: a new approach to getting the life you want. New York: Penguin, 2007. p. 127-129. *Apud* ACHOR, Shawn. Capitalizar o benefício da felicidade. *In*: *O jeito Harvard de ser feliz*: o curso mais concorrido da melhor universidade do mundo. São Paulo: Benvirá, 2012.

No caso da história apresentada no início deste capítulo, o rapaz poderia ter comprado a garrafa d'água, dado à senhora e voltado às suas obrigações. Isso já seria muito bom, com certeza.

Em um mundo como o nosso, cheio de desigualdades, doar bens materiais é algo superimportante!

Mas, se ele fizesse apenas isso, provavelmente a felicidade que sentiria e o bem que teria feito àquela senhora seriam muito menores.

O verdadeiro sentimento de bem-estar vem de dentro e, na grande maioria das vezes, não precisa ser acompanhado pela doação de algo material.

Ouvir um amigo, um colega, um conhecido ou desconhecidos, desabafar sobre seus problemas, dar-lhes apoio moral e, eventualmente, talvez um conselho é o maior bem que podemos realizar.

O grande segredo da felicidade é que isso, seja o ato externo, seja a disposição de ouvir, precisa ser feito de coração, com vontade real de ajudar.

Este é o *amor* de que fala São Paulo, em sua Primeira Carta aos Coríntios, e é uma das citações mais utilizadas em cerimônias de casamento:

> "Ainda que eu falasse as línguas dos homens e dos anjos, se não tiver amor, serei como o sino que ressoa ou como o címbalo que retine.

Se eu tiver o dom de profecia, souber todos os mistérios e todo o conhecimento e tiver uma fé capaz de mover montanhas, mas não tiver amor, nada serei.

Se eu der aos pobres tudo o que possuo e entregar o meu corpo para as chamas para que eu tenha de que me gloriar, mas não tiver amor, nada disso me valerá" (1Cor 13,1-2).

Essa passagem bíblica sempre me impressiona. Observe atentamente o teor destas palavras: posso até mesmo dar tudo para os pobres, ou até mesmo morrer por um suposto amor a Deus, mas, se eu não tiver amor, isso não valerá de nada.

Fazer o bem é algo espontâneo, é ficar feliz por fazer alguém feliz.

É algo que todos sentimos muitas vezes na vida quando vemos o sorriso de nossos pais, orgulhosos por algo que fazemos; quando vemos o sorriso de nossos filhos, agradecidos por um carinho ou um presente; quando vemos os olhos agradecidos de alguém a quem oferecemos um pouco de água fresca em um dia quente; ou vemos a alegria de algum desconhecido que auxiliamos em qualquer ocasião, seja empurrar um carro quebrado, seja abrir uma porta para quem está com as mãos ocupadas.

Fazer o bem deve ser algo corriqueiro, vivo, que movimente nossas ações e que nos leve a buscar outras formas de sermos gentis, de sermos úteis, de fazermos outras pessoas felizes.

De todas as sugestões que expresso neste livro, essa é a que eu acredito que traz mais felicidade, felicidade real, para nossas vidas.

Em meus momentos mais tristes, era a única coisa que me trazia realmente paz para o coração por alguns instantes, e o que me ajudou a superar as maiores dores de minha vida.

Agora, a responsabilidade é sua.

Pause a leitura e medite sobre seu jeito de ser. Com calma, sem pressa e sem julgamentos, buscando perceber como você é diariamente.

- Em seu dia a dia, você olha com carinho para as pessoas?
- Procura oportunidades de ser gentil, de escutar as dificuldades do outro, de levar uma palavra amiga a quem precisa?

Faça do bem um hábito em sua vida, e você vai encontrar o caminho mais certeiro para a felicidade!

17

ACREDITAR

Acreditar é uma palavra simples, mas que engloba tantos significados que só ela já pode ser motivo para longas meditações, como as que estamos propondo em todos os capítulos deste livro.

A primeira e mais óbvia é responder à pergunta: "Em quê?"

É importante saber em que se acredita, pois isso é o que direciona nossas ações.

Você pode acreditar em coisas boas, por exemplo, que é possível construir um mundo melhor; que devemos amar os outros independentemente de sua cor, gênero, orientação, identificação e especialmente de suas crenças. Também pode acreditar que tudo que é bom e justo, do sorriso das crianças ao brilho das estrelas, e merece ser visto, divulgado e cultivado com carinho.

Em contrapartida, você pode acreditar que o mundo está cada vez pior e não tem solução; que pessoas que são ou pensam de forma diferente de você não merecem nem mesmo seu respeito, nem sua consideração; que é importante ou divertido ver e divulgar imagens e vídeos de acidentes, violências, brigas ou humilhações.

Em ambos os casos, não só há imensa diferença, mas também infinitas possibilidades de misturas, porque o mundo e as pessoas são assim: não existem apenas os extremos, e ninguém é totalmente partidário de um lado ou de outro. Somos não só únicos em nossas opiniões e nossos modos de ser, mas também seres em constante mudança, aprendendo e nos transformando a cada dia.

Nesse ponto, vale a pena falar sobre um segundo e talvez até mais importante ponto a respeito das meditações que a palavra "acreditar" provoca em mim, e que gostaria que provocasse em você também.

Não estou escrevendo este capítulo para você mudar suas convicções. Tenho as minhas crenças e, em especial, acredito que quaisquer atitudes, palavras ou pensamentos meus que tenham o potencial de magoar alguém são errados, mesmo que sejam algo que ninguém mais venha a saber.

Mantenha as próprias convicções, mas, para isso, há duas condições essenciais: saber em que você acredita e, principalmente e como consequência disso, fazer algo a respeito.

Saber em que você acredita porque, quando não pensamos de forma consciente no que acreditamos, corremos o risco de fazer coisas contrárias a essa crença.

Portanto, ao terminar de ler este conteúdo, dedique um tempo refletindo sobre seus valores pessoais, suas crenças mais íntimas. Não estou falando de religião, dos rituais executados em locais específicos, nem das palavras bonitas presentes nos livros de espiritualidade; estou falando das coisas em que você realmente acredita.

- Quais são as coisas que você considera realmente importantes?
- Como acha que devem ser, de maneira ideal, suas relações com sua família? Não pense ainda nas dificuldades surgidas em busca desse ideal, pense apenas no que seria o melhor segundo seu ponto de vista, se tudo fosse possível.
- Expanda esse pensamento e pense (anotar as ideias principais sempre é bom, para organizar os pensamentos) como seria a relação ideal com seus amigos? E em seu trabalho?
- Como acredita que seria uma sociedade ideal? E um mundo ideal?

A vida real é mais complicada que a vida idealizada, porque as coisas não dependem apenas de nós, e não temos como transformar o mundo sozinhos. Os relacionamentos são difíceis, porque não temos o poder de transformar as outras pessoas.

A única coisa que temos o poder real de transformar, na verdade, somos nós mesmos.

A sociedade em que vivemos e o mundo não vão mudar de uma hora para outra, mas podemos mudar a nós mesmos e começar a agir para melhorar a sociedade e o mundo.

Os relacionamentos não vão magicamente se transformar no que desejamos, mas podemos mudar a nós mesmos e, com isso, não apenas começar a ver e a vivenciar os relacionamentos de outra forma, mas também servirmos de exemplo para outras pessoas.

Nossos ideais, nossos valores, nosso "acreditar" só serão realmente verdadeiros se forem mais que desejos, mais que meros pensamentos. Eles precisam ser guias que vão nos orientar em nossas transformações.

Não adianta nada acreditar sem fazer.

Ao terminar esta leitura, faça uma lista das coisas em que acredita, como já citei anteriormente, e depois a complete com o mais importante: o que você vai fazer sobre isso a partir de agora.

Mudar a nós mesmos é tão difícil quanto mudar o mundo, por isso não pense em transformações grandiosas.

Para cada uma de suas crenças, pense em um pequeno passo que você pode dar, algo que seja possível agora. Seja implicar menos com seus pais ou seus filhos, seja dar um bom-dia e um sorriso aos colegas de trabalho, seja separar o lixo reciclável com mais cuidado, seja iniciar uma rotina com mais caminhadas.

Precisa ser algo simples e viável.

Quando conseguir fazer isso, pense nos passos seguintes.

É assim que transformamos a nós mesmos, e quem transforma a si mesmo transforma também o mundo.

Os relacionamentos não vão
magicamente se transformar
no que desejamos,
mas podemos mudar a nós
mesmos e, com isso,
não apenas começar a ver e a
vivenciar os relacionamentos
de outra forma, mas também
servirmos de exemplo
para outras pessoas.

18

VIVA O MOMENTO

Peço que você leia este capítulo com atenção, tentando colocar-se em meu lugar, imaginando mentalmente o que descrevo a cada linha.

Todos os dias, quando acordo, o primeiro pensamento que me vem à cabeça, ou, antes, o primeiro sentimento que me vem ao coração é o de gratidão.

Antes mesmo de abrir meus olhos, sinto que estou retornando à consciência e já me vem uma onda de felicidade por descobrir que continuo vivo e terei mais uma oportunidade de conviver com quem eu amo, de fazer as coisas que são importantes para mim, de escrever mais um capítulo não só em meus livros, que podem vir a ser úteis para alguém, mas também no livro da minha vida.

Após elevar um pensamento de agradecimento ao Universo, a Deus (ou a qualquer coisa em que você acredite), eu me levanto, arrumo a cama e vou regar minhas plantas, sorrindo, dando bom-dia e conversando mentalmente com cada uma.

Começo pelas orquídeas, borrifando com um pequeno *spray* suas raízes e folhas, agradecendo e elogiando os vasos que têm flores, estimulando aquelas que não têm, dizendo que em breve terão, e que a vida é assim mesmo: às vezes temos flores, às vezes não, mas sempre temos a beleza de sermos quem somos.

Depois, passo para as demais plantas, regando com uma jarra de água uma a uma, elogiando seu crescimento e sua beleza.

Meu último movimento antes de começar a escrever é abrir a janela da sala, respirar o ar fresco da manhã e admirar o jardim à minha frente. Moro no primeiro andar de um prédio, e entre o meu prédio e o seguinte, próximo ao meu, há uma área verde cuidada com esmero.

Uma faixa de grandes palmeiras transmite ao jardim a sensação de que se está olhando para uma catedral com colunas, unidas mais ao alto por arcos desenhados pelas folhas. Embaixo, a grama bem cuidada é interrompida aqui e ali por arbustos e pequenas árvores, muitas vezes com flores.

Sempre há pássaros e o barulho dos veículos da cidade acaba por desaparecer em meus ouvidos, encantado que fico por alguns momentos com o som das folhas balançando e dos pássaros cantando.

O sol nascente ilumina toda essa maravilhosa cena em tons amarelados, e a brisa parece fazer a vegetação dançar, saudando-me para mais um dia.

O mais complicado de escrever é que usamos palavras, quando na verdade estamos querendo transmitir sentimentos. Mesmo em uma história de ficção, com mistério e ação, é a capacidade de o autor colocar sentimentos entre as descrições do que está acontecendo que determina se os leitores vão se envolver ou não com a narrativa.

Acabei de seguir essa rotina quase diária que lhes descrevi, com alguma cor, e ainda estou sentindo o coração pulsando de alegria pelo início de mais um dia glorioso.

Eu podia ter escrito, simplesmente, que acordo, agradeço por estar vivo, molho as plantas e passo alguns momentos contemplando o jardim à frente da minha janela – mas, se falasse assim, vocês não teriam a oportunidade de acompanhar esses momentos com riqueza de detalhes.

Se conseguiu imaginar as cenas enquanto eu as descrevia, talvez tenha vivenciado os momentos de forma mais intensa. Imagine, então, como seria se os momentos fossem seus, e não meus.

Essa rotina que me faz tão bem, conquistada depois de muito esforço e dedicação. São apenas alguns poucos minutos, mas que colaboram muito para começar bem o dia.

Tempos atrás, quando acordava, a primeira coisa que fazia era pegar o celular e conferir se alguém havia me enviado alguma mensagem enquanto dormia. Depois, eu me levantava apressado, regava as plantas rapidamente, por obrigação, e corria para preparar o café e iniciar a rotina do dia.

Aprender a apreciar cada momento foi uma conquista árdua, um costume construído aos poucos. Muitas vezes, resvalei para hábitos antigos, e só quando chegava a hora do almoço (ou, às vezes, do jantar) percebia que tinha corrido o dia inteiro atrás de minhas responsabilidades, mas não havia vivido.

Hoje, continuo a trabalhar de forma intensa, oito horas por dia, mas dedico mais atenção não apenas ao que faço, mas às pessoas com quem convivo. Busco sempre dedicar um sorriso, um bom-dia, uma palavra amiga, não para seguir alguma obrigação social, mas por real interesse nas pessoas.

Às vezes, as pessoas respondem apressadamente, imersas que estão em suas preocupações, mas às vezes me olham quase surpresas, sorriem de volta e dedicam alguns instantes a si mesmas, em uma conversa que só faz bem aos dois.

Falando assim, parece que vivo o tempo todo em um estado de graça, levando bom humor a todos à minha volta. É claro que sabemos que não é bem assim! A vida é uma sequência de dificuldades, de mil pequenas agulhadas que acabam por incomodar, além dos grandes tropeços que todos cometemos.

Mas, apesar de tudo, continuo tentando seguir esse ideal.

Em alguns dias, consigo viver cada momento. São dias longos, divertidos, que me fazem deitar com a sensação de completude, de que tudo está em seu lugar.

Na maioria dos dias, no entanto, eu me distraio com as demandas da vida em sociedade, com os imprevistos que aparecem, e preciso lembrar-me de aproveitar cada momento.

Atualmente, consigo acordar todos os dias da forma como descrevi. Quando a rotina começa mais cedo, faço as coisas um pouco mais rápido, mas, ainda assim, aproveitando cada momento com a sensação de felicidade, de gratidão no coração.

Aos poucos, estou conseguindo levar isso para o restante do dia.

Sorrindo para as pessoas no ônibus ou na rua; conectando-me em um nível emocional com todos os que vêm a mim no ambiente profissional, realmente me interessando em resolver seus problemas e que eles fiquem bem; olhando nos olhos de todos e sorrindo para aqueles que cruzam meu caminho brevemente.

Viver o momento é estar integralmente, mente e coração, em cada coisa que fazemos.

É um aprendizado longo, mas que vale a pena.

Peço então que, agora, você termine a leitura deste conteúdo, feche o livro e, simplesmente, viva o momento.

Onde quer que esteja, olhe à sua volta. Observe os detalhes de onde você está, por mais familiares que sejam.

Repare nas pequenas coisas que ignora no dia a dia, como pequenos objetos, os quadros e os cantos das paredes, a cor do piso, as janelas e o que pode ser visto através delas.

Depois preste atenção a seus outros sentidos. Alongue suas costas, respire fundo, encha seus pulmões, sentindo o ar penetrar em seu interior.

Faça isso lentamente, algumas vezes, e sinta o prazer de receber oxigênio em maior quantidade. Perceba se há algum cheiro no ambiente, mesmo que sutil.

Preste atenção aos sons. O que chega a você? Procure ouvir mais longe. Há pessoas falando, cachorros latindo, alguma música tocando?

Passe então para o paladar. Esfregue sua língua no céu da boca, brinque com ela e perceba se há algum gosto. Se tiver sede, beba um pouco de água lentamente, desfrutando a sensação do líquido fresco descendo pela garganta.

Não se esqueça do tato. Você está sentado ou em pé? Qual é a sensação ao tocar a cadeira ou ao pressionar seus pés em seus sapatos?

Está calor ou frio? O que sua pele lhe diz? Mova os braços devagar e observe a sensação da roupa tocando em você.

Por fim, passe para a intuição, aquele sentido que ignoramos na maior parte do tempo.

Feche os olhos e tente manter a mente vazia. Apenas sinta.

O que o Universo lhe diz sobre esse momento? O que você diz a si mesmo?

Não apenas leia, mas faça isso!

Viva esse momento, e, uma vez que você tenha conseguido fazer isso, lembre-se de como foi, e tente vivenciar outros momentos também!

19

NÃO DESEJAR O MAL

Recentemente, assisti a uma apresentação de uma amiga em que ela comentou uma experiência que fizeram em sua escola alguns anos antes.

A professora levou para a sala de aula dois potes de arroz cozido e pediu que os estudantes falassem com eles, separadamente. Para um pote, eles deveriam falar palavras de amor, de afirmação, dizendo que era bom e bonito. Para o outro pote, os estudantes deveriam falar tudo de ruim que lhes viesse à cabeça. Depois de alguns dias, o arroz que recebeu palavras positivas pareceu ficar ainda mais belo e brilhante, fermentando de maneira natural. Já o arroz que havia recebido palavras negativas apodreceu e escureceu.

Pesquisei em *sites* de busca e encontrei uma notícia em que uma professora no Paraná havia feito a mesma experiência[1].

---

1. FONSECA, Alana. Experiência com palavras de amor e ódio muda forma de arroz em escola do Paraná. *G1*, [*on-line*], mai. 2017.

Descobri, então, que esse experimento é uma sugestão do estudioso japonês Masaru Emoto (1943-2014), que, em 2004, publicou o livro *As mensagens escondidas na água*[2]. Nessa obra, o autor apresenta uma série de fotografias de cristais de água congelada e fala sobre o poder das emoções sobre ela: nos recipientes de água que receberam afirmações positivas, os cristais eram grandes e bonitos; porém, nos que receberam palavras negativas, eram malformados, distorcidos.

O experimento é curioso e conduz a muitas meditações interessantes.

A primeira é a mais óbvia: se nossas emoções se projetam e afetam o mundo a nossa volta, mudando a forma de cristais de água ou a fermentação do arroz, elas também podem afetar outras pessoas.

A segunda, tão importante quanto a primeira, mas que demanda um pouco mais de atenção, é que, para projetar uma emoção, precisamos senti-la. E, se precisamos nos plenificar de uma emoção para poder projetá-la, com certeza ela vai afetar primeiramente, e de forma mais intensa, a nós mesmos.

Nesse sentido, imaginemos uma situação em que uma pessoa briga conosco, magoa ou faz qualquer mal, e, por isso, ficamos com muita raiva dela.

Disponível em: https://g1.globo.com/pr/parana/noticia/palavras-de-amor-e-odio-fazem-parte-de-experiencia-e-mudam-forma-de-arroz-em-escola-do-parana.ghtml. Acesso em: jan. 2025.

2. EMOTO, Masaru. *As mensagens escondidas na água*. São Paulo: Lua de Papel, 2004.

Esse sentimento tem o potencial de afetá-la, provocando algum mal, desde que esteja receptiva a isso, é claro. Uma pessoa não é um pote de arroz, tem as próprias emoções, pensamentos e sentimentos; então, se estiver feliz, sentindo-se bem, nosso pensamento negativo não chegará a afetá-la.

No entanto, nosso pensamento sempre vai nos afetar. A raiva vai bagunçar nossos processos hormonais, atrapalhar nossas emoções e dificultar nossas decisões, tendo a longo prazo o potencial de gerar enfermidades por causa desses desequilíbrios.

Da mesma forma, quando desejamos o bem a alguém, mesmo que nos tenha feito mal, precisamos primeiramente nos preencher do sentimento de carinho, de perdão ou de gratidão, para que, então, possamos projetar esse sentimento para o outro.

Assim, o mandamento de "amar ao próximo como a si mesmo" (Mt 22,39), apresentado por Jesus e por muitos outros antes e depois d'Ele, é mais do que uma recomendação religiosa: é uma recomendação de saúde, de felicidade. Ao amar o próximo, estamos amando a nós mesmos, enchendo-nos de amor antes de qualquer coisa.

Além disso, uma pessoa que nos fez mal, se receber um sentimento negativo de nossa parte, tende a repetir infinitamente o comportamento que nos fez mal. Por outro lado, se ela receber sentimentos positivos, isso tem o potencial de mudar sua atitude para melhor.

Finalizando este capítulo, proponho um exercício curto, mas que, a princípio, pode parecer bem difícil.

Pare de ler este livro, feche os olhos por alguns momentos e tente se recordar de uma pessoa que lhe fez mal, uma pessoa de quem você tenha raiva ou mágoa.

Preste atenção a esse sentimento, e lembre-se de que ele é que está fazendo mal a você, não a pessoa que o magoou.

A parte difícil desse exercício é você tentar transformar esse sentimento em algo positivo: perdão, carinho, ou mesmo piedade por essa pessoa ser assim, mentalizando que ela melhore.

Tente incorporar esse exercício à sua rotina. Se você conseguir transformar todos os seus sentimentos negativos e começar a desejar o bem para todos os que o incomodam ou magoam, sua vida com certeza será mais leve e feliz.

Parece complicado, mas a vale muito a pena!

20

A CULPA NÃO É MINHA

Homer Simpson, personagem do desenho animado *Os Simpsons*[1], disse certa vez uma frase de que nunca esqueci: "A culpa é minha, eu coloco em quem eu quiser!".

Apesar de parecer simplista, essa animação, muitas vezes, provoca profundas reflexões, justamente por ser uma paródia crítica do estilo de vida da classe média norte-americana e de diferentes aspectos da condição humana.

De fato, quantas vezes nós nos pegamos reclamando, seja mentalmente, seja verbalizando, do mundo e das pessoas à nossa volta?

1. *Os Simpsons* é uma série de animação e *sitcom* norte-americana criada em 1989 por Matt Groening para a Fox Broadcasting Company. É uma paródia satírica do estilo de vida da classe média dos Estados Unidos (como cultura, sociedade e televisão) e aspectos da condição humana, retratada pela família Simpson, residente na fictícia cidade de Springfield (N.A.).

Isso acontecia muito comigo quando eu era mais jovem. Chegava em casa incomodado, muitas vezes com raiva, porque alguém tinha me perturbado.

"Puxa vida, não aguento mais o fulano lá no trabalho. Ele fica no meu pé o tempo todo! Hoje fui grosseiro com ele, mas também não sou de ferro, não tenho sangue de barata!"

Muitas vezes, também, cedi à tentação de fazer algo errado e coloquei a culpa em alguém: "Eu estava até bem, até que fulano chegou e me convidou para...".

A partir de conversas com algumas pessoas, percebo que essas situações, e outras do mesmo tipo, acontecem na vida de todos nós.

Isso é normal. Vivemos em um mundo com muitas pessoas e coisas maravilhosas, mas também repleto de problemas e pessoas difíceis.

O que está errado é, assim como Homer Simpson, jogar a culpa nos outros e nos eximir de nossa parcela de culpa.

Precisamos assumir a responsabilidade por nossos sentimentos. Por mais difícil que seja, ninguém tem o poder de nos provocar emoções. Depende de nós ter a estrutura emocional forte o suficiente para não nos desequilibrarmos.

Dessa forma, o mais sensato é pensar, por exemplo: "Eu me incomodo com algumas manias de fulano, ou que: "Fico com raiva quando fulano fala as coisas como se eu fosse um ignorante".

Ainda, quando alguém nos provoca, devemos ressaltar nossa responsabilidade: "Sinto dificuldades em resistir a essa tentação, que sei que me faz mal, mas basta alguém me convidar que..."

Aqui, não estou me referindo somente a palavras ditas da boca para fora. Elas são importantes, mas ainda mais importantes são os sentimentos, até porque, muitas vezes, não chegamos a confessar nossas emoções para os demais.

O ponto é que, se queremos realmente ser felizes, devemos compreender que a decisão de fazer as coisas certas, de reagir ao mundo da melhor maneira, depende apenas de nós.

Não adianta nos acharmos injustiçados, nem que as pessoas e o mundo estão contra nós.

Todos passam por dificuldades, e a forma como algumas pessoas nos tratam é o reflexo do que têm em seu interior, de seus medos, suas inseguranças, de todos os sofrimentos que passaram desde a primeira infância.

Quando conseguimos nos controlar e olhar o(a) outro(a) assim, como alguém que também está passando por um problema emocional ou psicológico (porque todos estamos), fica mais fácil assumirmos nossa parcela de responsabilidade.

Quando ficamos mais calmos, mais compassivos, nossa vida fica mais fácil e leve, o mundo parece se tornar também mais gentil.

Aí começamos a perceber que, muitas vezes, somos nós que ficamos contra o mundo e, muitas vezes, provocamos desavenças. Quantas vezes não falamos de forma ríspida com alguém, ou simplesmente fechamos a cara, evitando dar um sorriso ou mesmo um bom-dia?

Quando temos consciência de nossa responsabilidade, começamos a evitar essas armadilhas de forma consciente. Muitas vezes, usamos "culpa" e "responsabilidade" como sinônimos, mas há uma diferença fundamental entre essas palavras.

Se há "culpa" é porque existe um culpado, e, se há um culpado, é porque houve um crime, e crimes merecem punição.

Se há "responsabilidade", é porque existe um responsável, e quem é responsável por fazer algo errado também é responsável por repreender.

A diferença é grande: se somos culpados, merecemos sofrer uma pena. Se somos responsáveis, precisamos trabalhar para compensar o que fizemos de alguma forma.

Deixemos, pois, de nos sentirmos culpados por nossos erros. Devemos compreender que tudo é aprendizado, e que, em vez de sofrer por atos passados, assumamos a responsabilidade de melhorar daqui para a frente.

Agora é com você!

Termine a leitura por aqui e façamos uma revisão mental de nossos relacionamentos com as outras pessoas e com o mundo em geral.

- O que normalmente o(a) incomoda? Alguém o(a) aborrece, magoa ou enraivece?
- O que você pode mudar para não sentir mais essas emoções negativas?

Aproveite para refletir também sobre as atitudes dos outros à sua volta.

Não se esqueça de que, infelizmente, há pessoas doentes emocionalmente e que podem ativamente afetar os outros.

Faz parte de nosso autocontrole não nos deixarmos afetar por elas.

Todos passam
por dificuldades,
e a forma como algumas
pessoas nos tratam é o
reflexo do que têm em seu
interior, de seus medos, suas
inseguranças, de todos os
sofrimentos que passaram
desde a primeira infância.

21

ACREDITAR E SABER

Há um detalhe interessante nas palavras de Jesus (segundo os Evangelhos), que muitas vezes nos passa despercebido: após curar uma pessoa, Ele nunca dizia: "Eu te curei" ou "Deus te curou", o que seria compreensível. Ele dizia: "Tua fé te curou".

Da mesma forma, diversas religiões e linhas esotéricas de estudo afirmam que a cura vem de dentro, não de fora. É necessário que a pessoa tenha vontade e confiança de que o tratamento vai funcionar, para que ele funcione.

Há muitas pessoas que rezam pedindo milagres, sem perceber que eles estão dentro delas.

A própria medicina ocidental, há muito tempo, descobriu isso, e nas suas sistematizações estabeleceu que um remédio para poder ser comercializado precisa ter uma taxa de cura acima de 70%, porque, em determinados casos, as curas pelo assim chamado efeito placebo[1] podem chegar a 65% dos pacientes testados.

Diversos estudos[2] comprovam que pessoas que rezam ou meditam regularmente têm diminuição na pressão arterial, fortalecimento do sistema imunológico, diminuição na dor e em sintomas mais agressivos das mais variadas doenças, incluindo artrose, problemas cardíacos e câncer.

Até aqui, estou falando somente da cura do corpo, mas a cura mais importante de todas é a do espírito.

Há 25 anos, eu estava sofrendo de uma grave doença, que me provocava picos de fortes dores em intervalos de poucas horas, dia e noite, durante cinco anos. Nenhum tratamento teve resultado, e comecei a buscar terapias alternativas e estudar para tentar encontrar uma cura.

Em meus estudos, li um livro sobre a cura do espírito. Tentei muito lembrar o nome dessa obra, mas, mesmo depois muitas pesquisas, não consegui. De qualquer forma, vamos lá!

---

1. O placebo é um medicamento, substância ou qualquer outro tipo de tratamento que se parece com um tratamento convencional, mas que não possui efeito ativo, ou seja, que não faz qualquer alteração no organismo. Em outras palavras, é como se a mente "enganasse" o corpo para se sentir melhor. Imagine tomar um comprimido de açúcar que você acha que é um remédio poderoso: sua dor pode diminuir só por acreditar que está se curando! (N.A.).
2. Pesquise em *sites* de busca confiáveis a frase: "Liste referências acadêmicas de estudos que comprovem que meditação e reza aumentam a imunidade e a saúde das pessoas", que você terá uma série de artigos sobre o assunto (N.A.).

No referido livro, escrito por um cardiologista (salvo engano), esse especialista cita diversos casos de cura proporcionados (direta ou indiretamente) pelo poder da mente, mas particularmente um deles me impressionou.

Era um paciente diagnosticado com câncer em fase terminal, sem chance de tratamento, a quem foram dadas poucas semanas de vida. Sabendo de seu diagnóstico, decidiu fazer aquilo de que mais gostava: assistir a comédias antigas.

Ele alugou em locadoras de vídeo coleções inteiras de filmes de Charlie Chaplin, Buster Keaton, *Os Três Patetas*, O *Gordo e o Magro*, Os Irmãos Marx, entre outros, e passava boa parte do tempo assistindo a esses filmes e, literalmente, chorando de rir.

Segundo o autor, "com isso, o paciente se curou, e três meses depois morreu de câncer".

Quando li essa frase, que ficou gravada em minha memória, achei muito estranho. Como assim? Será que havia um problema de falta de coerência no conteúdo?

Continuei a ler e percebi que, na sequência, o médico explicava que o paciente, muito antes de desenvolver o câncer, tinha uma vida infeliz. Vivia reclamando de tudo e de todos, parecendo sempre buscar motivos para ser amargo com as pessoas a sua volta. Isso, inclusive, pode ter sido um dos fatores desencadeadores da doença, pois, da mesma forma que nossa mente tem efeitos positivos sobre nosso corpo, também pode ter efeitos negativos.

O médico ressaltava que a maior doença que podemos carregar não é no corpo, mas no espírito. Que o paciente, ao buscar algo que lhe trazia felicidade, curou seu espírito, ou seja, passou a ter uma vida mais agradável, mais feliz, e era isso o que importava.

A felicidade reforça nosso sistema imunológico e aumenta a eficácia de vários tratamentos; então, ser feliz pode efetivamente ajudar o corpo a se curar. Porém, o mais importante é viver melhor, o qual deve ser o objetivo de todas as pessoas e de todos os médicos que as tratam.

Esse é um exemplo simples, mas vamos retornar ao ponto inicial deste capítulo: a fé move montanhas (cf. 1Cor 13,2).

Crer em Deus faz bem para nossa saúde.

Devemos, mais do que acreditar, saber. Por exemplo, você não acredita que a maioria das pessoas têm cinco dedos nas mãos. Você sabe disso, porque vê todos os dias.

Carl Gustav Jung (1875-1961), psiquiatra e psicoterapeuta suíço, criador da psicanálise analítica, certa vez foi entrevistado em um programa de rádio em que o entrevistador, conhecido por surpreender seus entrevistados com perguntas inesperadas, perguntou-lhe de supetão: "O senhor acredita em Deus?" Jung respondeu, de pronto: "Eu não acredito, eu sei"[3]. Eu penso igual a ele, inclusive falava o mesmo, antes de saber que alguém ilustre havia dito isso.

---

3. FREEMAN, John. Carl Gustav Jung. *Face to Face*: Entrevista BBC, 1959. Disponível em: https://www.youtube.com/watch?v=2AMu-G51yTY. Acesso em: jan. 2025.

Voltando ao meu caso em particular, eu tinha uma doença crônica que me provocava picos de dores a cada duas, três horas no máximo, mesmo quando estava dormindo. Não vou contar toda a história neste capítulo por ser muito longa[4], mas o fato é que me afastei das minhas crenças pessoais e, no dia que as retomei com todas as forças, meu corpo enfraquecido quase deixou de funcionar e cheguei a pensar que ia morrer – mas fiquei curado.

A crença de que a fé cura é algo que vemos em todas as religiões – ou pelo menos em todas as que eu conheço. Deus, Natureza, Universo, tudo são nomes que utilizamos para tentar explicar a ideia de que fazemos parte de algo maior, algo de que somos filhos, e que como nós possui um lado material, muito claro e visível, e um lado imponderável, mental e espiritual, tão forte quanto o material, mas muitas vezes desprezado pela sociedade contemporânea, focada demais no aspecto físico.

Também não se desenvolve do dia para a noite, mas vale a pena fazê-lo, porque é, com certeza, a maior fonte de felicidade e paz que podemos ter. Muitas vezes, isso é o que nos dá força para seguir em frente, por acreditarmos que somos seres eternos e que o que estamos vivendo aqui é semelhante a um piscar de olhos, um momento de aprendizado em uma longa jornada de evolução.

---

4. Este conteúdo pode ser conferido na íntegra em meu livro: *Amar é simples e necessário* (Editora Tagore, 2021).

Não desejo convertê-lo(a) a nenhuma crença em particular, mas o "trabalho de casa" desse conteúdo é, como nos demais capítulos, terminar a leitura por aqui, refletindo sobre o que você leu.

- Em que você acredita? Não falo de rituais enfadonhos, de palavras decoradas e repetidas automaticamente, de visitas a templos religiosos, que são coisas ensinadas e criadas por outras pessoas. Pense um pouco sobre isso.
- Preste atenção a seus sentimentos. O que seu coração lhe diz que é verdade? Não tente explicar, mas sentir.
- Muitas pessoas têm dúvidas. Então, questione-se: por que elas surgem? Que livros pode ler, com quem você pode conversar sobre elas? Lembre-se de que somos todos humanos, e outras pessoas também erram e têm dúvidas, mas, mesmo que às vezes possam lhe dar respostas que o ajudem a compreender algumas coisas, só você pode chegar a suas considerações.

Se ainda não sabe, pense no que pode fazer para mudar isso.

Buscar ir além do acreditar. Chegar ao saber é, em si mesmo, uma fonte de felicidade.

22

ACEITAR SUA SOMBRA

Jung definiu, na Psicologia Analítica (ou Psicologia Junguiana), o termo "sombra" como a parte oculta de nossa personalidade. Em outras palavras, significa a soma de todos os sentimentos, pensamentos, emoções, de tudo aquilo que somos, do que gostaríamos e do que não gostaríamos de ser nem temos coragem de admitir, nem para nós mesmos.

A verdade é que muito raramente não "somos" algo; a maior parte do tempo, "estamos" algo. Temos momentos de empatia e momentos de egoísmo. Às vezes somos desapegados, às vezes sentimos ciúmes. Às vezes somos comedidos, às vezes gulosos. Às vezes somos compreensivos, às vezes perdemos nosso controle emocional.

Aceitar que temos essa ambiguidade não é apenas uma questão de autoconhecimento, mas também um passo importante na busca da felicidade.

Lembro-me de que, durante muitos anos, eu lutava contra determinada dificuldade, algo que acreditava ser um defeito moral (cujos detalhes vou me conceder a liberdade de não comentar).

Toda vez que assumia aquele comportamento, sentia uma alegria momentânea pelo que fazia. Porém, pouco depois, isso era substituído pelo arrependimento e pela promessa a mim mesmo de que me esforçaria mais para não fazer aquilo.

Com o passar do tempo, reconhecendo minha dificuldade em superar aquilo, passei a desenvolver técnicas de apoio; por exemplo, anotava em um calendário todos os dias em que conseguia resistir, para que me animasse a continuar tentando.

Curiosamente, quando ficava muito tempo sem repetir esse comportamento, ao ter uma recaída, eu o fazia de maneira muito mais intensa do que antes. É como se estivesse dizendo para mim mesmo: "Já que depois disso vou ficar muito tempo sem agir dessa forma, deixe-me aproveitar!".

Percebo que, ao conversar com algumas pessoas, isso é muito comum entre aqueles que estão tentando mudar algum comportamento. Quem é nervoso e fica por um tempo se controlando, quando tem um acesso de raiva, é como se fosse uma explosão. Quem é alcoolista e fica por um tempo sem experimentar nada de álcool, quando bebe um pouco, acaba passando dos limites.

Aceitar que somos não só luz, mas também sombra, nos ajuda a evitar esse comportamento alternado. Os extremos são sempre ruins, e estamos aqui na Terra para encontrar nosso equilíbrio.

Só quando aceitei que é normal alternar entre esses dois lados, consegui superar minha dificuldade.

Compreendo que aceitar isso é muito difícil, porque é algo íntimo. Quem gosta de admitir que tem momentos de raiva, de ciúmes, de egoísmo, de vaidade, de preguiça?

Essa aceitação é um processo demorado, mas, quando conseguimos admitir nossas limitações, passamos a não ver nosso lado ruim como algo a ser evitado a qualquer custo, mas sim que faz parte de nós.

Quando aceitamos nossa sombra, descobrimos que o grande segredo é este: não devemos reprimir conflitos internos para se forçar a evitar um comportamento ruim, mas aceitar que cada pessoa é um ser em evolução, que tem momentos ruins e bons, e que isso faz parte do aprendizado.

Algumas vezes, cometo esse erro, mas evito sofrer por me achar um grande culpado, um grande pecador. Quando tenho vontade de repetir o antigo comportamento, eu o faço conscientemente, para "matar a saudade" e ter aquela satisfação momentânea, sabendo que depois não vou me sentir muito bem; mas faço isso de forma equilibrada, sem exagerar. E a cada vez tenho menos vontade de fazê-lo, justamente por conta das consequências.

Aceitar a sombra tem um segundo efeito muito importante, que facilita também nossa vida: entender profundamente que todas as pessoas têm sombras.

Quando compreendemos que todos temos momentos bons e ruins, fica mais fácil sermos mais compassivos com os desequilíbrios alheios. Quando uma pessoa que sempre foi tranquila perde a paciência, ou alguém que sempre nos apoiou se mostra egoísta, em vez de nos magoarmos, percebemos que esse alguém está em seu momento sombra, ficando muito mais fácil ser compreensivo.

Outro ponto curioso que Jung nos apresenta é conceito de projeção. É quando percebemos em outras pessoas comportamentos que nos desagradam, justamente porque nos recusamos a reconhecer que agimos desse mesmo jeito em nosso lado sombra. Vemos no outro o que somos, e isso fica evidente quando percebemos que alguém ingênuo não enxerga nos outros a mesma malícia que vemos.

O conceito de sombra foi assim definido não por ser ruim, mas por ser algo oculto, difícil de ver. E, mesmo quando percebemos em nós um comportamento, um sentimento ou uma emoção que achamos ruins, não aceitamos aquilo como parte de nosso ser, arrumando sempre desculpas.

Vamos então encerrar este capítulo com este desafio complexo: não passe para o próximo texto, mas reserve alguns momentos para refletir sobre o que leu.

Há, com certeza, uma parte de sua sombra que você já conhece, aquele seu "lado ruim" que quer negar, em vez de aceitar que faz parte de você.

Pense sobre isso, e tente listar, nem que seja mentalmente, tudo o que você faz que o incomoda, o que faz mal a você ou às pessoas com quem convive.

Há ainda outra parte de sua sombra que você não admite que existe, que não consegue nem aceitar que é uma característica de sua personalidade. (Esse fenômeno é conhecido como "lei do espelho", ou "projeção psicológica".)

Dedique alguns minutos refletindo sobre o que mais o incomoda em outras pessoas. Então responda mentalmente:

- Se você se incomoda com alguém que é autoritário, será que isso não acontece por que queria que a sua vontade é que fosse feita, não a do outro?
- Se se incomoda com alguém que fala mal dos outros, será que não é você mesmo que queria falar mal de determinada pessoa?

Essa não é a única técnica de descobrir aspectos de sua sombra, nem significa que tudo o que o incomoda no outro seja parte de você. Mas é um excelente exercício refletir com calma sobre isso e descobrir novos aspectos de sua personalidade – o que torna a convivência com os demais também mais fácil!

Aceitar que somos
não só luz,
mas também sombra,
nos ajuda a evitar esse
comportamento alternado.
Os extremos são sempre
ruins, e estamos aqui
na Terra para encontrar
nosso equilíbrio.

23

NOSSAS PALAVRAS TÊM PODER

Nos *Vedas*, textos sagrados do hinduísmo, o som primordial "Om", ou "Aum", é considerado a palavra de Deus, a essência da criação e da realidade. Segundo o judaísmo e o cristianismo, Deus profere palavras para criar o Universo, a Terra e a vida: "Que haja luz!" (Ex 1,3).

É comum ouvirmos falar sobre o poder da palavra associada à divindade e às forças que a seguem, em diversas religiões. Mas muitas vezes esquecemos que nossas palavras também têm poder, são potências que agem por nós, mesmo quando já esquecemos que as proferimos.

Quem não se lembra com sofrimento de palavras amargas ditas por alguém que amava? Quem não sorri quando recorda das primeiras palavras de uma criança que viu crescer?

Mais do que isso, nossas palavras criam sentimentos positivos ou negativos a nosso redor, o tempo todo. Por exemplo, palavras de estímulo e orientação orientam a educação de nossos filhos, propiciando-lhes a abertura de novas possibilidades. Palavras de coragem incentivam quem está doente a seguir em frente.

Da mesma forma, palavras de depreciação e incompreensão nos afastam de pessoas que amamos. Palavras desmotivadoras fecham portas para nós, e palavras de raiva produzem sentimentos de mágoa e repulsa.

Nossas atitudes falam muito mais forte do que as palavras, mas estas são a primeira forma de como as pessoas têm contato com o que existe dentro de nós. Não é à toa que, em Sua época, Jesus, profundo conhecedor da psicologia humana, dizia: "Não é o que entra pela boca que torna o homem impuro, mas o que sai da boca" (Mt 15,11).

Hoje de manhã, estava pensando sobre como é importante saber o que falar, e também quando falar. Então, eu me lembrei de uma frase que um amigo me disse quando estudávamos no 8º ano do Ensino Fundamental: "Falar é prata, calar é ouro".

Não me lembro exatamente da situação, mas com certeza eu havia falado demais, e sabemos que quem fala o que quer acaba dizendo o que não deve.

Até hoje, estou tentando aprender isso. Há pouco tempo, meu chefe me chamou para uma conversa em particular depois de uma reunião importante, justamente para comentar que, após o cliente ter fechado o negócio, eu tinha continuado a falar. Se o cliente já estava convencido, falar demais era, primeiramente, um desperdício de tempo, e depois poderia fazê-lo reconsiderar sua decisão, caso eu dissesse algo que pudesse contrariá-lo.

Educar nossa boca é um processo longo e não é de hoje que as pessoas precisam aprender a fazer isso. Uma parábola filosófica atribuída a Sócrates, filósofo grego (469 a.C.-399 a.C.), é o Princípio das Três Peneiras, que, apesar de antigo, parece ser bastante útil e atual nos dias de hoje.

A proposta é imaginar que cada palavra que pronunciamos precisa passar por três peneiras antes de ser lançada ao mundo.

A primeira peneira é a da **verdade**. Será que o que estamos prestes a dizer é realmente verdadeiro? Fundamenta-se em fatos, em informações confiáveis e em uma análise imparcial da situação? Lembre-se de que mentiras e distorções só provocam discórdia e minam a confiança. Em tempos de excessivas *fake news*, precisamos sempre confirmar algo que falamos ou compartilhamos, mesmo quando nos chega por alguém que consideramos confiável.

A segunda peneira é a da **bondade**. Mesmo que seja verdade, será que nossas palavras são gentis e estão de acordo com os sentimentos de outra pessoa? Devemos evitar comentários maldosos, críticas desnecessárias ou qualquer atitude que possa magoar ou ofender. A bondade no teor de nossas palavras constrói pontes, não muros. Algumas pessoas são grosseiras, justificando atitudes e palavras falando que só dizem verdades, quando o silêncio seria mais bem-vindo, ou quem sabe falando a mesma coisa, mas com a preocupação de não ofender ao outro.

E, por último, há a peneira da **utilidade**. O que estamos dizendo tem um objetivo real? Agrega valor à conversa, contribui para a resolução de um problema ou simplesmente preenche o silêncio com futilidades? Devemos evitar falar por falar, pois palavras vazias não geram frutos, ocupam tempo e espaço que poderiam ser mais bem utilizados de outra forma.

Falando sobre isso com um amigo, certa vez, ele riu e me disse que, se seguisse essas peneiras, ele ia ficar mudo pelo resto da vida!

Claro que rimos juntos, mas depois, com calma, ponderei que seria muito triste se as falas dele se resumissem a coisas fúteis, ruins ou não inteiramente verdadeiras.

É preciso haver espaço para abordarmos diversos temas, para rirmos, para falarmos de coisas do dia a dia, como futebol ou política, e tudo isso é importante, de muitas formas diferentes. No entanto, é importante tomarmos cuidado com os excessos e com os desvios, com o falar mal sem motivo, com o repetir ou inventar mentiras, com palavras duras que magoam.

Obviamente, não vamos nos tornar puritanos da noite para o dia e só falar o bem, o útil, o verdadeiro, mas esse é um objetivo que precisamos buscar.

Ao terminar a leitura deste capítulo, dedique alguns minutos para refletir sobre o conteúdo.

- Suas palavras deixam as pessoas animadas ou lhes tira a esperança? Elas renovam ou destroem? Dão margem a intrigas e fofocas, provocam divisões, ou trazem novas ideias, ajudando-as a se aproximar?
- Como você usa suas palavras com os atendentes do mercado, das feiras livres, ou com quem interage nos eventos sociais?
- Como as utiliza com seus colegas de trabalho? Com seus familiares? Com sua parceria?

Lembre-se de que as palavras são uma representação viva de sua personalidade. Elas constroem o ambiente à sua volta, e, se algum lugar está com uma energia ruim, o teor delas pode melhorar ou piorar tudo.

Nossas palavras têm poder. Vamos usá-las, sempre, com sabedoria, e isso com certeza construirá mais felicidade, dentro e fora de nós!

Nossas palavras
têm poder.
Vamos usá-las, sempre,
com sabedoria,
e isso com certeza
construirá mais felicidade,
dentro e fora
de nós!

24

VENCER O MEDO

Quando parei para refletir sobre diferentes fases da vida, percebi que o medo esteve na raiz de quase todos os meus sofrimentos.

O medo de ficar só me deixou angustiado quando não estava em um relacionamento.

O medo de ser traído me provocou ciúmes quando eu estava com alguém.

O medo de me sentir diminuído ou humilhado fez que eu não ousasse nem expusesse minhas ideias.

O medo de ser rejeitado intensificou a minha timidez.

O medo do desconhecido me impediu de caminhar em direção a uma nova trajetória.

O medo do fracasso fez que, muitas vezes, eu nem mesmo tentasse.

Seja no ambiente profissional, seja nos relacionamentos amorosos, seja no dia a dia, quantas vezes deixamos que o medo nos domine, paralise, perdendo valiosas oportunidades de aprender, de crescer, de conviver, de ser feliz?

O medo é uma emoção relativamente saudável, que existe para nos alertar dos perigos, desde os tempos dos primeiros habitantes das cavernas.

Por exemplo, tenho medo de altura; então, evito qualquer lugar que me provoque a sensação de que posso cair. Também tenho um medo controlado de aranhas; então, eu me afasto delas, venenosas ou não.

Até aí, tudo bem!

Mas, quando o medo afeta diretamente nossas vidas, precisamos fazer algo a respeito.

É um trabalho longo, que, com certeza, fica mais fácil com a ajuda de um profissional especializado (psicólogo ou psiquiatra, dependendo do caso), mas é um caminho que vale a pena ser trilhado quando desejamos ser felizes.

O primeiro passo é, sempre, reconhecer e aceitar seus medos.

Há alguns deles que são óbvios, sendo os primeiros que vêm à nossa mente quando pensamos no assunto. Porém, há aqueles mais sutis e muitas vezes mais difíceis de serem superados.

Quando terminar a leitura deste capítulo, faça uma revisão mental de suas dificuldades, de suas atitudes e de seu "jeito de ser", de tudo o que causa incômodo e o afasta da felicidade. Será que há algum receio que você precisa superar por trás de cada um desses pontos?

Reconhecidos os medos, é importante definir uma estratégia de enfrentamento.

Tente avaliar o porquê de cada sensação. Em alguns casos, você vai perceber que algumas atitudes não fazem sentido, e só vivenciando situações que vão fazê-lo entrar em contato com seus receios é que conseguirá interiorizar isso.

Quando eu tinha entre 13 e 14 anos, o professor Krause, de Ciências, me disse algo de que nunca esqueci: "Vá lá e arrisque. O 'não' você já tem, então qualquer coisa que conseguir diferente será um ganho. Veja por este lado: você só tem a ganhar!"

Já sei como a minha vida é. Se tenho dificuldades, sei quais são, mas também sei que algumas delas não vão se resolver, porque não dependem de mim.

E sei que conviver bem com elas, e mudar todas as outras, depende apenas de eu enfrentar meus medos e arriscar.

O "não" é continuar como está. É aceitar que a vida poderia ser mais feliz, mais plena, mas deixar o medo vencer.

Encarar nossos medos é um dos maiores desafios que podemos enfrentar, mas sempre vale a pena. A sensação de vitória, de tirar um peso das costas, é intensa cada vez que damos um pequeno passo nessa direção.

Liste seus medos, suas dificuldades, e avalie como você pode sair de sua zona de conforto em busca de uma nova realidade, mais prazerosa.

Só você pode definir e trilhar esse caminho!

Sua felicidade agradece!

"...faça uma revisão mental
de suas dificuldades,
de suas atitudes e de seu
"jeito de ser", de tudo
o que causa incômodo
e o afasta da felicidade.
Será que há algum receio
que você precisa superar
por trás de cada
um desses pontos?"

25

NÃO DESISTA DE SEUS SONHOS

Risque a palavra "desistir" de seu vocabulário. Você pode, e deve, mudar de objetivos conforme sua compreensão do mundo vai evoluindo, nada mais normal que isso. Já desistir implica continuar querendo algo, mas deixar de se esforçar para tentar atingir determinado objetivo.

Certa vez, tive um sonho muito estranho, bem diferente dos sonhos que costumo ter.

Sonhei que estava em uma rua com casinhas bem simples e com muitas crianças brincando na rua. Na parede de madeira de uma das casas, havia um espaço aberto para a rua, onde tinha alguns bonecos que rodavam em um carrossel. Mais adiante, no fim da rua, havia um espaço aberto onde crianças se divertiam.

Um dos meninos liderava a brincadeira e, querendo repetir o que os bonecos faziam, organizou todas as crianças em uma grande roda. Ele sonhava em ver um carrossel, e começou a falar como todos deveriam se comportar, levantando-se e abaixando-se enquanto giravam.

As crianças seguiam suas instruções rindo e se divertindo, e da imaginação delas surgiu do chão um carrossel mágico, feito de luz colorida e sombras que davam volume.

No entanto, assim que o carrossel começou a ganhar forma, o menino desanimou e saiu dali, dizendo que seu sonho era bobeira e que nunca veria um carrossel de verdade. Imediatamente, o brinquedo perdeu substância e desapareceu.

As crianças continuavam a brincar, mas, para que o carrossel se materializasse, era necessário que todas acreditassem e imaginassem juntas.

Fui atrás do menino, que estava na parte mais alta da rua ajudando seus pais nas tarefas de casa, com uma expressão triste no rosto.

Tentei de todas as formas chamá-lo de volta, falando que o carrossel já havia começado a se materializar, que havia muitas crianças acreditando e só faltava ele. Mas o garoto continuava desanimado, com expressão triste, dizendo que não adiantava sonhar, que a vida era apenas aquilo ali: trabalhar e seguir vivendo como seus pais faziam.

Acordei logo depois, com o coração batendo pesado no peito.

Talvez, contando meu sonho assim, apenas com palavras, eu não consiga expressar a força dessa emoção. Mas gostaria que acreditasse quando digo que é muito triste se alguém deixa de ter fé em seu potencial de mudar o mundo.

Percebi, então, que meu sonho era este: não deixar que sonhos morressem nos outros. Senti que precisava ser um semeador de sonhos em um mundo em desencanto.

Algo importante sobre os sonhos é o seguinte: eles acontecem devagar.

Investir em um objetivo é como semear uma horta, um pomar e um jardim, tudo ao mesmo tempo.

Alguns sonhos crescem mais rápido, como alfaces, que em cerca de 45 dias já podem ser colhidas. Outros demoram mais, como as roseiras, que levam mais de três meses para darem flores.

Há sonhos como os abacateiros, que demoram entre sete e dez anos para darem frutos. E há ainda sonhos que são como as tamareiras, que podem levar entre setenta e cem anos para frutificarem.

É necessário, portanto, paciência e persistência; para isso, é essencial que não deixemos de acreditar.

Há sonhos em que investimos e vemos os resultados rapidamente, que nos dão ânimo para seguir em frente e ter energia para buscar novos objetivos. E há sonhos que são como estrelas, que nos dão direção: guiam nossos caminhos e nosso aprendizado durante toda a vida.

Esse tipo de sonho que faz que as pessoas acordem cedo e deem o máximo de si, que demanda dedicação e esforço extraordinários e que só é alcançado por aqueles que tiverem a capacidade e a perseverança de ultrapassar as várias etapas e desafios da vida, até atingir o seu objetivo.

Não adianta tentar colher os frutos antes da hora, porque não amadurecem como os frutos comestíveis.

Da mesma forma, não adianta tentar esperar que nossos esforços mostrem resultados rapidamente, em especial quando dependem de outras pessoas.

- Como nos outros capítulos, sugiro agora que termine a leitura, feche este livro e dedique uns momentos para sua reflexão.
- Quais são seus sonhos de hoje?
- O que você gostava de fazer, desejava alcançar, mas desistiu?
- O que está plantando hoje que pode frutificar em sonhos realizados no futuro?

Tudo o que fazemos possui um impacto nas pessoas e no mundo; o que devemos almejar é que ele seja sempre positivo. Os frutos aparecerão no tempo certo. Vamos nos preocupar, por ora, em plantar as melhores sementes.

26

DIANTE DA MORTE

Às vezes, acho curioso como, para grande número de pessoas, falar sobre a morte ainda é um tabu, a ponto de a simples menção da palavra levar alguns a fazerem o sinal da cruz ou falarem algo como "vire esta boca para lá".

No entanto, poucas coisas na vida são mais naturais que essa passagem.

Com o passar do tempo, nosso corpo vai se desgastando, como absolutamente tudo no mundo material que conhecemos, de diamantes a estrelas.

Nossa mente, além disso, vai se cansando, ficando menos apta a aprender coisas novas. Morrer, portanto, é o final de um processo natural de renovação da natureza, em que tudo acontece em ciclos.

Imagino que ninguém discorde dessas definições, mas isso é apenas uma racionalização, e nossa razão é muito mais fácil de convencer que nossa emoção.

Já passei pela experiência de perder um pai, uma mãe e um filho, além de muitos outros amigos e parentes. Meus pais foram indo aos poucos, embora por processos razoavelmente rápidos, o que me permitiu ter um tempo próximo a eles; já no caso do meu filho, foi algo repentino, sem ter a oportunidade de dizer-lhe adeus.

Não há uma perda "melhor" que a outra. Uma perda é uma perda. Mas são apenas momentos. O mais importante não é o dia em que vamos morrer, mas todos os demais dias.

A dor quando perdemos alguém é imensa, e devemos nos dar a liberdade de senti-la em toda a sua intensidade, passando da fase de negação à fase de aceitação.

Cada processo tem seu tempo, e devemos respeitar o nosso, vivenciar o luto enquanto for necessário – mas também não podemos ficar estacionados nele.

Precisamos, como tudo o mais na vida, ir buscando oportunidades de seguir em frente, mesmo sem vontade, pois o movimento é curativo.

Mas, afinal, em um livro sobre felicidade, onde cabe falar sobre a morte?

O medo da morte é algo que, muitas vezes, assombra a realidade de muitas pessoas, pois esse temor as impede de viver melhor.

A morte é algo natural, sim. Ela vai acontecer, inevitavelmente, a nós e a todos que amamos. Se acreditar na sobrevivência do espírito, você vai encontrar com eles novamente; mas, independentemente disso, essa vida é um momento precioso demais para que a vivamos de maneira inconsequente, sem dedicar verdadeiro amor e atenção a quem amamos, e sem expandir esse círculo de pessoas cada vez mais.

Sei que não vou viver para sempre. Vejo, aos poucos, meu corpo mostrando os sinais do tempo, seguindo o mesmo caminho de meus pais e de meus avós. Isso torna cada momento importante de ser vivenciado plenamente.

Vivendo com o conhecimento, mas sem o medo da morte, os dias se tornam mais coloridos. Acordo de manhã com um pensamento de gratidão por ter mais um dia para viver novas experiências.

Sabendo que nosso tempo é limitado, torna-se ainda mais importante estar de bem com todos com quem convivemos.

Lembro-me, por exemplo, de um dia em que meu filho, já com dezessete anos, estava dormindo, e eu parei à porta para observá-lo, da mesma forma como fazia quando era um bebê, achando-o bonito e sentindo uma imensa onda de carinho por ele.

Após alguns momentos, ele despertou brevemente e, vendo-me à porta, perguntou o que eu estava fazendo ali. Respondi que estava só o admirando; e ele falou que eu era esquisito, virou-se para o lado e voltou a dormir.

Ri muito do pequeno diálogo, ainda mais pelo tom que ele usou, e talvez seja verdade: às vezes, sou esquisito.

No entanto, alguns anos após a morte dele, eu posso continuar a dizer que não tenho arrependimentos. Sempre deixei claro e falei abertamente que o amava. Tentei estar a seu lado em momentos importantes e, nesses instantes, eu realmente estava presente. Não deixei nenhum assunto por finalizar, nenhum perdão por dar, nenhuma mágoa para resolver. Pequenas coisas talvez, mas nada muito significativo.

Com o tempo, descobrimos que o que realmente permanece na memória e no coração são os momentos felizes, as brincadeiras, os olhares de carinho e os gestos de apoio.

É por isso que trato da morte em um livro sobre felicidade: para que aproveitemos a vida.

Não vamos deixar para amanhã o perdão que estamos devendo a alguém que amamos; a conversa importante que precisamos ter, mesmo que saibamos que pode ser dolorosa; o gesto e a palavra de carinho, mesmo que sintamos medo de não sermos compreendidos.

Para os que partiram, conversemos mentalmente, resolvamos qualquer pendência em nossas mentes, que nosso coração acompanhará depois.

Honremos a memória de nossos entes queridos sendo pessoas melhores e mais felizes, pois aqueles que amamos, com certeza, não gostariam de nos ver sofrendo.

Para os que ainda estão aqui, façamos isso frente a frente.

Se não for possível estarmos próximos fisicamente, que façamos uma chamada por vídeo, para podermos encará-los e dizer "eu te amo", ou provar isso sendo carinhosos, sinceros, compassivos e compreensivos.

Se não for possível fazer uma chamada de vídeo, faça o que for possível, mas faça.

Não deixe para depois, porque a simples verdade é que não sabemos se estaremos por aqui.

Terminando a leitura deste capítulo, a atividade que vou propor pode parecer estranha, mas é libertadora.

Feche este livro e faça uma lista, mental, em um papel ou onde quiser, das pessoas que você ama e daquelas com quem convive ou conviveu de maneira mais próxima.

Pense em cada uma delas com calma, mentalize seu rosto, seu sorriso, e então pense se você tem algum assunto não resolvido com essa pessoa. Algum perdão a pedir ou a conceder? Algum segredo que você sente que precisaria ser contado?

Lembre-se de qual foi a última vez que demonstrou carinho por alguém, em algum gesto ou palavra. Se ama essa pessoa, qual foi a última vez que lhe disse "eu te amo", com todas as letras, sem pensar que o outro "já sabe" disso nem perder a oportunidade de proporcionar-lhe essa alegria.

E vamos mais fundo: imagine que você vai mudar para um país distante amanhã. O que você falaria para essa pessoa, sabendo que poderiam ficar um bom tempo antes de voltarem a estar frente a frente?

Depois disso, pergunte a si mesmo: "Por que esperar o momento da morte para dizer isso?"

Viva cada dia, cada relacionamento, com plenitude, sem segredos, sem remorsos, sem dúvidas ocultas ou perdões não concedidos.

Só assim poderemos dizer, verdadeiramente, que vivemos!

Não há uma perda
“melhor” que a outra.
Uma perda
é uma perda.
Mas são apenas momentos.
O mais importante
não é o dia em que
vamos morrer,
mas todos os demais dias.

27

VOLTAR À NATUREZA

As abelhas, para manter sua colmeia e fabricarem mel, estão sempre à procura de flores. Ao entrar em um pântano escuro, com águas apodrecidas e vegetação retorcida, seus instintos as levam diretamente às flores de lótus ou outras típicas desse bioma.

Já as moscas são atraídas por matéria orgânica em decomposição, e em um jardim cheio de flores vão encontrar os restos de algum animal morto para pousarem.

Assim também funciona o nosso olhar: ele encontra aquilo que está em nossa mente, a cada momento.

Se não estamos bem, tudo nos parece ruim. O mau humor das outras pessoas chama a atenção e incomoda, o dia parece quente demais, os odores desagradáveis parecem mais frequentes, as demoras parecem maiores, e ninguém parece nos entender.

Quando estamos felizes, chama a atenção o oposto disso: a brisa suave em um dia quente, um sorriso mesmo em meio a uma multidão de rostos apáticos, um perfume que recende por instantes, o tempo que sobra para pensarmos e planejarmos os próximos passos, o apoio das pessoas que entendem nossas dificuldades.

Por isso, algumas pessoas que frequentam determinados ambientes, muitas vezes, têm percepções opostas sobre ele.

A natureza é cheia de exemplos assim, que podemos trazer para nosso dia a dia.

Dentro de nossa visão humanizada, podemos aprender a paciência com as plantas, que crescem lentamente, sem pressa, sem se importarem com o mundo à volta, e florescem na época em que estão prontas para florescer, sem cobranças internas, sem ceder a forças exteriores, apenas seguindo o curso natural que traçaram para si.

Lembremos que também devemos respeitar nossos tempos, buscando sempre melhorar para nos sentirmos bem, mas sem cedermos à pressão social que diz que devemos estar sempre correndo. Os pássaros começam o dia cantando, saudando o sol, despreocupados com se terão o que comer mais tarde ou com as cores de suas penas.

Recordemos que também podemos começar o dia agradecendo tudo de bom que possuímos, do teto sobre nossas cabeças ao ar que conseguimos respirar mais um dia, e a vida vai se tornando mais leve. As árvores oferecem sombra para ricos e pobres, pessoas de bom coração ou com o coração adoecido, pessoas alegres ou tristes.

Aqui, é importante ressaltar que também nós não devemos julgar. Não sabemos o que levou as pessoas até o momento em que estão, tudo pelo que passaram e o que as deixou amargas, endurecidas ou tristes. Ofereçamos sempre nosso sorriso, e, como a sombra das árvores vai gradativamente relaxando o corpo tenso pelo calor, aos poucos, nossa gentileza vai relaxando as mentes tensas pela vida.

Vivemos em um planeta que possui muitos biomas em calculado equilíbrio, desenvolvido por milênios de adaptação das espécies. Nossa espécie acabou desenvolvendo maneiras de habitar e afetar ecossistemas em todos os biomas, a maioria das vezes de forma descontrolada, acabando com esse equilíbrio.

Nossa relação com a Natureza precisa ser harmônica, pelo simples fato de que somos parte dela. Todos os seres vivos convivem em uma relação de ajuda mútua, sendo todos, de abelhas a moscas, necessários para a manutenção coletiva.

Quando nos afastamos da Natureza, não só perdemos esses aprendizados que ela nos oferece, mas também nos sentimos incompletos, desconectados do mundo, sem entender o porquê.

Na busca por felicidade, busque reconectar-se consigo mesmo, buscando a reconexão com a Natureza.

Ao terminar esta leitura, reflita por alguns momentos e imagine-se em contato com a Natureza.

- Você gosta de matas, de praias, de cachoeiras, de parques?

- Tem se lembrado de incluir visitas a estes locais em sua vida? Que tal pensar em como pode fazer isso?

Lembrando que a Natureza está em toda a parte. Mesmo nas cidades mais cinzentas, há árvores, pássaros e animais. Não é necessário se deslocar para um parque para aproveitá--la; nós mesmos somos parte dela, nem que seja olhando plantas em vasos e árvores que crescem à beira do asfalto. Admirar a natureza sempre nos traz leveza ao coração.

Sejamos como as abelhas, que encontram flores em meio a um pântano, e deixemos nosso olhar procurar as pequenas belezas da natureza a nosso redor, em plantas, animais e pessoas.

Agora, pense em como você pode mudar esse olhar em sua rotina: no ônibus, no ambiente profissional ou na escola, em suas obrigações diárias, e agora mesmo.

Não podemos mudar o mundo, mas podemos mudar a forma como olhamos para ele. E isso faz toda a diferença!

28

CONVERSAR COM SEU PASSADO E SEU FUTURO

Meu passado é cheio de perdas, de momentos em que me desesperei, de situações em que eu não via saída; mas continuei em frente, e as dores que pareciam impossíveis de superar foram ficando menores, as saídas foram aparecendo, a aflição foi desvanecendo.

Meu futuro é inconstante, e muitas vezes fonte de angústias e medo. Há momentos em que tenho certeza de algumas coisas, e por vezes minutos depois esta certeza muda, ou simplesmente deixa de existir. As angústias são substituídas por euforia, o medo pela coragem de seguir em frente e descobrir caminhos.

Tenho certeza de que sua vida também é assim, pelo simples fato de que todas as pessoas passam por problemas ao longo da vida.

Estamos em um mundo repleto de incertezas, e se deixarmos que isso nos incomode não conseguiremos ser felizes.

O passado (parece até lugar-comum falar isso, mas é verdade) já passou.

Não adianta ficarmos remoendo ideias antigas, nem tentando reviver momentos felizes, nem pensando em rever locais que nos foram caros.

As recordações antigas podiam ser boas para determinadas situações, mas mesmo elas ficam ultrapassadas, e precisam ser recicladas, para não ficarmos presos a sonhos que não fazem mais sentido nem mesmo para nós.

Os momentos felizes devem ser lembrados com um sorriso, não perseguidos pela necessidade de revivermos algo impossível, pois, se mudamos a cada dia, precisamos nos reinventar e abrir espaço em nossa vida para desfrutarmos novas felicidades.

Passado e futuro são construções mentais, só existem na nossa imaginação. Quantas vezes, ao reencontrar antigos amigos, nós nos surpreendemos por perceber que momentos em comum muitas vezes são lembrados de forma diferente?

Mesmo assim, eles são essenciais para vivermos bem nosso presente. O primeiro traz aprendizado, indicando tudo o que fizemos de errado para que não erremos mais. O segundo nos dá a direção, orientando nossos esforços.

Mais que isso acaba sendo exagero, e muitas vezes perdemos oportunidades preciosas no presente por estarmos vivendo no passado ou no futuro. A cada dia, bastam sua alegria e sua dor; se conseguirmos viver assim, seremos bem mais felizes.

Estamos vivendo o único momento em que podemos efetivamente fazer algo, em que podemos mudar o rumo de nossa vida ou permanecer no curso que traçamos. Usemos, então, este momento para ressignificar nosso passado e nosso futuro.

Para isso, proponho a seguir um exercício interessante, que tem o potencial de mudar fortemente a sua vida, como já mudou a minha.

Para tirar o máximo de proveito desse exercício, ao terminar a leitura deste capítulo, pegue um papel e uma caneta ou um lápis, porque vamos escrever cartas.

Caso não tenha como fazer isso, pode escrever no computador ou celular; em último caso, use apenas a imaginação, mas não deixe de fazê-lo.

Pare em frente ao papel em branco e lembre-se de algum momento particularmente doloroso de sua infância ou adolescência.

Reflita com calma, tentando recordar-se de momentos em que você se sentiu particularmente só, como se seu mundo houvesse perdido o sentido e você não soubesse para onde ir.

Depois, lembre-se de como você era fisicamente, feche os olhos e imagine que você está frente a frente com aquela criança ou adolescente, e simplesmente dê um longo e silencioso abraço, sem palavras.

Mentalmente, deixe que seu antigo eu sinta-se acolhido e amparado durante o tempo que achar necessário. Suspire profundamente, percebendo que você, no presente, também se sentiu acolhido e amado.

Abrace-se um pouco mais, agradeça a seu eu do passado e então abra os olhos.

Após esse momento silencioso, escreva uma carta para seu eu do passado. Utilize todas as palavras de conforto que você gostaria de ter ouvido, dê a si mesmo todas as certezas de que a vida continua, e que vai chegar até onde já chegou, e muito mais.

Aproveite para contar pequenas alegrias que teve pelo caminho, momentos mágicos, beijos apaixonados, alegrias com a natureza ou diversões que tenham marcado sua trajetória.

Estimule seu eu do passado a seguir em frente, porque novas alegrias virão.

Cure seu eu do passado, e você se sentirá menos apegado à criança ferida ou ao jovem ferido que já foi, sentindo-se mais forte para seguir em frente.

Agora, voltando ao presente, pense nas coisas que o atormentam hoje, nas dores que não querem passar, nas desilusões que parecem dizer que não haverá mais momentos felizes em sua vida.

Da mesma forma como já sentiu coisas parecidas no passado, as dores que você sente hoje parecem ser as maiores do mundo – simplesmente pelo fato de que são o que está sentindo no momento.

No futuro, elas parecerão bem menores, bem mais fáceis de aceitar.

Feche novamente os olhos e imagine, desta vez, você no futuro. Pode ser um futuro de dez anos, de cinco ou de um, mas um futuro distante o suficiente para que tenha havido mudanças significativas na sua vida.

Não precisa imaginar o mundo à sua volta; não interessam os relacionamentos, seu trabalho, seus futuros animais de estimação ou as inovações tecnológicas; imagine simplesmente seu aspecto físico.

Talvez cabelos mais brancos, um pouco mais alto ou baixo, algumas rugas, mas principalmente o olhar: não um olhar cansado ou triste, mas cheio de carinho, de confiança, de um eu que está mais à frente e já sabe que tudo vai dar certo, e que mesmo as dores serviram como crescimento e aprendizado, abrindo caminhos para novas conquistas.

Abrace também esse seu eu do futuro, mais experiente, que já vê as suas dores como algo que passou, e que o acolhe, dando-lhe a tranquilidade de que tudo vai ficar bem.

Fique assim quanto tempo quiser, sem pressa, até que a certeza desse eu do futuro seja passada para você na forma da paz interior que estava precisando.

Abra então os olhos e escreva a carta que esse "eu do futuro" vai lhe escrever quando chegar lá, como se já tivesse vivido tudo aquilo.

Faça o mesmo que fez por seu eu do passado, dando-lhe força e certeza de que tudo ficará bem, acolhendo, falando tudo o que você gostaria que alguém, hoje, lhe dissesse sobre seus problemas.

Conte também alguns dos momentos felizes que seu "eu do futuro" viveu, de hoje até aquele momento, pequenas alegrias que partilhou com outras pessoas, locais interessantes que visitou, coisas que talvez seu eu de hoje nem esperasse encontrar pelo caminho, mas que ocorreram mesmo assim.

Depois de escrever essas cartas, você pode guardá-las para ler depois, ou pode queimá-las e deixar que o fogo as leve para o mundo das memórias. O importante é passar por esse processo de escrita terapêutico, que pode ser repetido muitas vezes, com cartas variadas para momentos diferentes do passado ou dores diferentes do presente.

Antes de terminar este capítulo, vou lembrar de algo que falei na introdução deste livro: a única pessoa que pode mudar você é você mesmo.

Você pode ler estas palavras, achar interessante, pensar até que "um dia vou tentar fazer isso", e esquecer. Se for assim, este livro será uma mera curiosidade, um conhecimento a mais que não vai chegar a ser realmente aproveitado.

Mudar a si mesmo demanda tempo, dedicação, esforço, priorização e falta de pressa.

Se já viveu dores no passado ou está vivendo no momento, sugiro fortemente que tente dedicar um tempo neste exercício.

Não se trata de reviver a dor, mas de ressignificá-la para seu inconsciente.

Quem não se lembra de seu passado e deseja simplesmente enterrá-lo, pode estar fadado a repeti-lo.

Converse com você mesmo, e descobrirá que tem forças muito além das que pensava ter!

29

SEJA LEVE NOS MOMENTOS DIFÍCEIS

Como comentei anteriormente, certa vez, quando era jovem, salvei um homem de se afogar.

Na ocasião, eu estava visitando uma cachoeira próxima à cidade onde moro, e após tomar um banho no rio, secava ao sol enquanto observava a beleza natural do local. De repente, um homem que estava nadando começou a se debater e pedir ajuda, com uma voz que quase não chegava à margem, abafada pelo ruído da queda-d'água.

Nunca fui um bom nadador, então olhei rapidamente em volta, e não havia ninguém que pudesse ajudá-lo. Atirei-me na água e fui nadando até próximo a ele. Com toda dificuldade, nadei no estilo cachorrinho, parado no mesmo lugar e falando com ele: "Meu amigo, eu não nado muito bem. Se você se agarrar a mim, vamos morrer os dois, está me entendendo?".

Ele falou que sim, tentando controlar seu medo, e eu continuei: "Vou me aproximar então e vamos juntos, devagar, até a borda. Apoie-se em mim para respirar".

Assim, bebendo um pouco de água aqui e ali, mas sabendo que podíamos contar um com o outro, chegamos juntos até a margem. Ele explicou que havia sentido uma cãibra tão forte que não conseguia mover as pernas, agradeceu e se despediu.

Recentemente, acordei com a lembrança de um homem (eu mesmo, talvez) flutuando abaixo da superfície da água, tranquilamente, em uma cena bonita. Algum restante de sonho, provavelmente, de que eu não me lembrei, mas imediatamente recordei esta história.

Com essa recordação, veio uma série de pensamentos sobre o que precisamos aprender para sermos realmente felizes.

Uma das primeiras inspirações foi que o corpo humano naturalmente boia. Basta relaxarmos e virarmos de barriga para cima que sentiremos a água gentilmente nos levantando e nos equilibrando em uma posição em que podemos respirar. Basta um pequeno movimento das mãos ou dos pés para nos mantermos assim.

No entanto, quando nos debatemos, afundamos, engolimos água e acabamos por nos afogar.

A metáfora não poderia ser mais clara: nos momentos mais difíceis da vida, se entramos em desespero, só pioramos a situação.

Por mais difícil que seja, precisamos buscar a paz nesses instantes, ainda mais fortemente do que em outros. Precisamos nos entregar às águas da vida e do tempo e deixar que o Universo nos faça boiar, levando-nos a um lugar onde possamos respirar, ainda que com dificuldade. Assim, teremos a possibilidade de irmos nos aproximando da margem, em que teremos novamente terreno firme para continuar nossa caminhada.

É difícil simplesmente confiar, acreditar que tudo vai melhorar, mas se pararmos para pensar a melhora é inevitável. Tudo muda, e a vida é feita de momentos bons e ruins, descobertas que empolgam e rotinas que desanimam, dificuldades e superações. Mas tudo passa.

Outra reflexão importante que tive ao lembrar dessa situação é que, para que possamos ser ajudados, precisamos estar receptivos e dispostos a fazer a nossa parte.

Se aquele homem não me desse sinais de estar minimamente no controle de suas emoções, o suficiente para não morrermos juntos, eu provavelmente não me aproximaria e esperaria até que ele se acalmasse um pouco enquanto procurava por alguém que tivesse capacidade de ajudar.

Se ele não tentasse nadar, enquanto se apoiava em mim, eu não teria sido capaz de arrastá-lo até a margem.

Pensando bem, preciso corrigir o que falei: eu não salvei aquele homem, ele se salvou, com um pouco de minha ajuda para dar-lhe a confiança de que poderia fazê-lo.

Precisamos, então, nos abrir à ajuda de pessoas, para que possamos resolver nossos problemas.

Precisamos também manter um olhar atento ao nosso redor. Em nosso dia a dia, quantas pessoas podem estar em desespero à nossa volta e não notamos? Em casa, no ambiente profissional, no ônibus ou entre amigos, basta um olhar atento para perceber quem está mais calado, quem está às vezes com tristeza ou angústia no olhar.

Nesses momentos, perguntar se a pessoa está bem tem o efeito de nadar até próximo a ela e estender a mão. Se se dispuser a receber ajuda, ela fará a parte dela e falará sobre seus problemas.

Esta é a sugestão deste capítulo: termine a leitura e faça uma revisão mental de seu momento de vida e de suas atitudes.

Reflita com calma sobre suas dores presentes, seus dilemas morais, seus incômodos que você às vezes nem sabe colocar em palavras.

Tudo isso são águas que você pode usar para boiar ou se afogar.

Então, pense bem se não é o momento de pedir o auxílio de amigos, família ou de um profissional que possa ajudá-lo a compreender melhor suas questões pessoais.

Tire um tempo para refletir, também, sobre se você está escutando, acima do ruído da cachoeira da vida, os pedidos de ajuda que sempre lhe chegam.

Pense em todos que o cercam e como estão agindo ultimamente, e vá atrás de quem deu sinais de que precisa de apoio.

Você pode salvar uma vida!

E, é claro, reflita também como pode mudar de atitude, para estar mais atento a esses pedidos no futuro.

Sua felicidade agradece, pois nada traz tanta satisfação quanto fazer o bem a outras pessoas!

Tire um tempo
para refletir,
também,
sobre se você
está escutando,
acima do ruído da
cachoeira da vida,
os pedidos de ajuda
que sempre lhe chegam.

30

BONS RELACIONAMENTOS FAZEM BEM À SAÚDE

De tanto ver pessoas falando sobre "estudos de felicidade de Harvard" para justificar suas ideias, resolvi ir atrás desse conteúdo.

Descobri então que realmente a Universidade de Harvard, nos Estados Unidos, possui diversos estudos na área da felicidade, focados não em responder à pergunta: "Como podemos ser felizes", mas sim algo sutilmente diferente: "O que nos faz felizes[1]? Que tipo de coisas que, presentes em nossas vidas, têm o potencial de nos deixar felizes?".

Alguns dos estudos mais citados são, na verdade, longos processos de coleta de dados realizados em pessoas que estudaram na instituição. Os mais antigos acompanharam

1. ACHOR, *op. cit.*

por oitenta anos, com questionários periódicos, os efeitos do envelhecimento e fatores diversos que impactavam no bem-estar e na saúde dos participantes[2].

Entre as várias considerações derivadas desse trabalho, está a de que bons relacionamentos, relações mais estáveis, fazem as pessoas mais felizes, e que pessoas mais felizes adoecem menos.

Outra possível consideração do mesmo estudo é que maus relacionamentos, relações desgastantes, diminuem a felicidade e desgastam a saúde.

Isso é óbvio, se pararmos para pensar, mas é interessante saber que existe uma base científica que comprova o que nossos corações já sabem.

No entanto... Ah, como é difícil manter um bom relacionamento!

É difícil começar, terminar, respeitar e ser respeitado, ser amado do jeito que gostamos de ser amados e amar da forma que o outro gosta de ser amado. Mas também é difícil ficar só.

Não só é difícil ficar só, como agora sabemos que há estudos que comprovam que pessoas que não ficam sozinhas têm mais felicidade de saúde.

---

2. O "Harvard Study of Adult Development" compreende diversos estudos, sendo os mais conhecidos o "Grant Study", que acompanhou 268 graduados em Harvard nos anos de 1939-1944, e o "Glueck Study", que acompanhou um grupo de 456 estudantes em Boston. Mais informações sobre o estudo estão no *site:* https://www.adultdevelopmentstudy.org.

Então, por mais complicado que seja manter um bom relacionamento, vale a pena tentar!

Sabemos que é difícil... então, por onde devemos começar? A resposta também é óbvia: por dentro.

Para podermos amar alguém verdadeiramente, precisamos primeiramente saber nos amar.

Vou contar uma breve história que aconteceu comigo há alguns anos e que traz um pouco mais sobre isso.

Logo após a pandemia da covid-19, eu estava atravessando uma crise emocional. Havia passado por uma crise de pânico que foi vencida a muito custo, e estava buscando apoio de psicólogos e amigos para tentar entender melhor esse momento.

Foi quando fiz uma longa viagem de carro, passando horas sozinho refletindo sobre muitas coisas. Após cerca de dois mil quilômetros, cheguei a Curitiba, onde um primo me convidou para conhecer o centro de estudos filosóficos e espiritualistas que ele frequentava.

Obviamente, fiquei curioso e concordei em ir.

O local tinha todo um cerimonial bonito, estranho para mim, mas onde podia sentir certa paz, como se estivesse cheio de boas energias.

Após a cerimônia inicial, foi oferecida uma "conversa fraterna" para quem estivesse procurando por consolo ou orientação.

Peguei uma senha e mentalmente desejei que fosse encaminhado à dirigente dos trabalhos, que havia conduzido a cerimônia de abertura e me parecia alguém especial.

No andamento aleatório das senhas e atendimentos, acabei realmente sendo atendido por ela. Em primeiro lugar, agradeci pelo grande auxílio que estavam prestando a todos. E pedi-lhe um conselho, caso ela achasse adequado, sobre meu caminho espiritual e as angústias pelas quais passava.

Então, a dirigente do local falou que, "quando estava ali, naquela egrégora de espíritos que tinham o mesmo objetivo de ajudar o próximo", ela se mostrava e se comportava da forma como esperavam que uma líder se apresentasse; mas que, quando ela estava com outros dirigentes, definindo as orientações para todos os locais semelhantes, agia de forma diferente.

Cada local demanda um jeito de ser e cada pessoa tem a própria maneira de entender o mundo. Da mesma forma, eu não ia encontrar a verdade que eu procurava naquele local, nem em uma igreja, nem em uma sinagoga, nem em um terreiro, nem em uma mesquita, nem em um templo de qualquer religião, porque todas as religiões são apenas formas diferentes de ver o mesmo Deus, de compreender o mesmo Universo.

Por mais que uma religião com a qual me identificasse pudesse me ajudar a resolver meus dilemas, as respostas que eu procurava estavam dentro de mim, e para alcançá-las a primeira coisa que precisava fazer era aprender a me amar.

Nesse momento, esbocei um pequeno sorriso, que ela estranhou. Expliquei então que não estava rindo de suas palavras, mas sim porque eu havia ouvido a mesma coisa diversas vezes nas últimas semanas, que precisava aprender a me amar, mas não sabia o que isso significava. Afinal, como poderia não me amar? Eu acreditava que me amava!

Ela balançou a cabeça afirmativamente, e calmamente abriu uma gaveta, de onde tirou uma vela e uma caixa de fósforos. Sem pressa, acendeu a vela e deu para mim, falando: "Você é como esta vela, meu filho. Você tem o potencial de iluminar muita gente à sua volta. Você vai saber que está verdadeiramente se amando quando não precisar de ninguém para acendê-la".

Envolvido com as energias do local, fiquei profundamente comovido e compreendi essa valiosa lição.

Proponho, então, uma atividade para você poder continuar em sua busca pela felicidade.

Terminada esta leitura, dedique um tempo para si mesmo e faça uma revisão mental de seus relacionamentos, começando pelas pessoas que vivem com você, se houver alguma, e passando a seguir por família e amigos que estão próximos, e depois os que vivem mais distantes.

- Você é feliz como mãe, pai, filha, filho, avó ou avô, prima ou primo, irmã ou irmão?
- Está sabendo conviver, proporcionando aos outros um ambiente propício para a felicidade deles?

- Você busca estar com as pessoas que lhe são caras ao coração e que vivem próximo a você?
- Entra em contato com certa regularidade com quem ama e vive longe, para desfrutar sua presença virtual e alegrar os corações?
- E, quando está sozinho, sabe "se acender" sem depender dos outros?
- Realmente consegue se amar e fazer esse sentimento transbordar para os outros?

São questões profundas, nas quais nem sempre a primeira resposta que vem à mente é a verdadeira. Pense nisso!

31

SABER PERDOAR E PEDIR PERDÃO

Nos muitos anos dedicados à busca da felicidade, percebi que poucas coisas são mais difíceis do que perdoar alguém e pedir perdão. No entanto, poucas coisas nos fazem sentir tão leves!

Perdoar alguém é difícil porque ainda trazemos em nosso íntimo a ideia de que, ao perdoar, vamos de alguma forma liberar quem nos fez mal das consequências de seus atos. Demorei a perceber que, na verdade, o perdão que damos não tem a ver com o outro, mas conosco mesmos.

Enquanto não perdoamos alguém que nos feriu, carregamos em nós uma mágoa, um sentimento que vai do desejo de vingança à depressão e ao sentimento de ter sido rebaixado.

O perdão verdadeiro é aceitar que o que ocorreu no passado não precisa mais ter tanta força sobre nós, que o que vivemos serviu como aprendizado e crescimento, e que a dor que sentimos não precisa ser revivida.

Perdoar não significa passar a confiar ou querer se aproximar e desenvolver uma amizade que, muitas vezes, não faz sentido. Em alguns casos, isso é possível, mas o importante do perdão é tirar de nosso peito os sentimentos ruins em relação à outra pessoa.

Quanto à outra pessoa, ela terá de conviver com o fato de que fez mal a alguém, e isso, cedo ou tarde, vai retornar à sua consciência e fazer com que sofra as consequências do mal que causou, independentemente de ter sido ou não perdoada por seus atos.

E quando somos nós que precisamos de perdão?

Pedir perdão também é algo muitíssimo difícil, pois também demanda mudanças de sentimento.

O primeiro obstáculo é reconhecermos que erramos.

Quase sempre que fazemos algo errado, arranjamos uma desculpa para aliviar a nossa consciência. A culpa é do outro, que nos perturbou até perdermos a paciência, ou que não reconheceu que estava errado, ou da prova que ia acontecer dali a uns dias, ou da tensão no ambiente de trabalho, ou de uma indigestão que fazia com que estivéssemos com dores...

É muito mais complicado reconhecer que a responsabilidade é sempre nossa.

Se perdemos a paciência, não é porque o outro perturbou, ou porque estávamos em um dia ruim, é porque precisamos melhorar a nossa capacidade de sermos pacientes.

Se cedemos à tentação e fizemos algo de errado que magoou o outro, não é porque o vício ou a vontade foram fortes, é porque não tivemos força suficiente para resistir, mesmo sabendo que isso iria ferir outra pessoa.

Se ofendemos alguém, se falamos mal de alguém para outras pessoas, não é porque a pessoa é cheia de defeitos, é porque não conseguimos controlar a nossa vontade de devolver o mal com o mal, vingando-nos de quem nos incomoda ou magoa.

Depois de aceitarmos que temos a nossa parcela de culpa em boa parte dos conflitos com outras pessoas, ainda há um segundo passo, que também é difícil: pedir o perdão ao outro.

Muitas vezes, isso não é possível, porque perdemos o contato de alguma forma ou pensamos que o outro simplesmente não entenderia, ou ainda diria que o contato poderia reabrir feridas antigas, trazendo mais dor.

Nesses casos, resta-nos mentalizar o outro em nossa frente, imaginando que nos ouve, e admitir nossa parcela de responsabilidade, pedindo desculpas.

O ideal, no entanto, é tentar fazer isso pessoalmente, e por isso pedir perdão é complicado. Olhar alguém nos olhos e reconhecer o mal que fizemos é extremamente libertador, mas também é doloroso, porque nos sentimos pequenos, frágeis.

Muitas vezes, a outra pessoa pode não entender e aproveitar para falar de todas as mágoas que carrega. Isso acontece quando não está preparada para o perdão, e ainda se apegas às dores do passado.

No entanto, muitas vezes, o outro nos surpreende, mostrando que para ele o perdão já estava concedido, e nós é que estávamos carregando um peso no coração sem necessidade.

Várias vezes já me agradeceram por ter reconhecido meu erro, e houve uma vez que a pessoa disse que nem mesmo se lembrava da situação – o perdão mais perfeito que recebi de outros!

Ao terminar este capítulo, feche o livro e faça um exercício mental. Tenha em mãos algo para anotar, caso seja necessário.

Dedique alguns minutos para repassar momentos em que outras pessoas lhe fizeram sentir dor, raiva, mágoa ou algum sentimento ruim.

Relembre suas relações com quem cuidou de você na infância, com seus amigos, com as pessoas com quem se relacionou na adolescência e em várias etapas da vida, momentos no ambiente de trabalho ou outras interações em que você não se sentiu bem.

- Você lembra dessas pessoas com algum sentimento ruim?
- Ao pensar nelas, gostaria que elas de alguma forma "pagassem" pelo mal que lhe fizeram? Acredita que merecem sofrer ou passar por alguma dificuldade?

- Em caso afirmativo, então você ainda está preso a uma dor que já passou, mesmo que seja recente, e a única pessoa a quem esse sentimento faz mal é você mesmo.
- Busque depois o outro lado: quais foram as vezes que você fez outros sofrerem? Você teve coragem de pedir desculpas? Como se sente em relação a isso?
- Relembre situações em que outras pessoas lhe fizeram mal. Tente se distanciar e avaliar cada situação.
- Você teria alguma parcela de responsabilidade? Foi conivente com algum comportamento que depois piorou? Retrucou à altura quando podia ter se calado? Fez algo que pudesse ter deixado a outra pessoa magoada, levando-a a reagir mal?

O objetivo não é justificar as ações do outro, mas sim avaliar em nós o que podemos mudar, para evitar situações futuras semelhantes.

Remexer em memórias dolorosas sempre é incômodo, e, se ainda dói, é porque não conseguimos deixar para trás. Isso pode doer, mas é uma das melhores maneiras de conseguirmos superar mágoas antigas e perdoarmos aos outros e a nós mesmos pelo que fizeram e fizemos.

E, se a dor for grande, procure um profissional para ajudá-lo. A dor compartilhada sempre é mais leve!

Depois de aceitarmos
que temos a nossa
parcela de culpa
em boa parte dos conflitos
com outras pessoas,
ainda há um segundo passo,
que também é difícil:
pedir o perdão ao outro.

32

AGIR SEM APEGO

De vez em quando, gosto de estudar coisas diferentes para expandir meus horizontes. Filosofia, Psicologia, religiões, penso que tudo o que nos incentiva a ter pensamentos elevados, mais profundos, ajuda-nos a entender melhor nosso lugar no mundo e, por isso, aumenta nossa sensação de felicidade.

Nesses estudos, acabei lendo um pouquinho sobre o budismo, uma religião não teísta que tem uma imensa carga filosófica e espiritual.

Não vou tentar explicar nada por aqui, até porque não sou grande conhecedor do assunto, mas gostaria de falar especificamente sobre uma das três "marcas da existência" do budismo, a impermanência.

De acordo com o budismo, essas "marcas da existência" são consideradas verdades fundamentais que definem a natureza de tudo que existe.

De forma muito simples e breve, essas verdades são: a **impermanência** (tudo está em constante transformação); a **insatisfação** ou o **sofrimento** (a sensação que sempre temos de que "algo falta", resultado do apego e do desejo em um mundo onde tudo é impermanente); e o **não *self*** (nada existe de forma isolada e independente, incluindo nossa identidade, que é uma ilusão).

Mesmo em um parágrafo tão resumido, podemos perceber o quão profundas são as ideias dessa religião e filosofia de vida.

Falemos, então, da impermanência, que é a ideia de que todas as coisas estão em constante mudança e que tudo depende das causas e dos fatores que as rodeiam.

Essa sensação de efemeridade é óbvia quando pensamos no mundo material: tudo o que é material se gasta, se perde, se destrói ou se transforma em algo diferente com o tempo, inclusive nossos corpos.

No entanto, há outra impermanência, mais sutil, que reflete o fato de que nada pode permanecer idêntico a si mesmo. Nossas ideias mudam, assim como nossa percepção de mundo e nossos sentimentos.

Seguindo ou não os ensinamentos budistas, não há como discordarmos dessa verdade tão fundamental e tão perceptível.

Aprender a viver com a impermanência pode ajudar a reduzir o sofrimento, pois não é preciso apontar culpados pelas dificuldades. Por outro lado, entender que tudo é transitório pode também estimular a viver com mais intensidade o presente e a amar as pessoas que fazem parte da vida, sabendo que todos os instantes, todas vivências e mesmo todas as dores são preciosas, porque são únicas.

Por isso, um elemento essencial no caminho da felicidade é agir sem apego. Vamos fazer o que a nossa consciência nos diz ser o certo, sem nos importarmos se nosso esforço será reconhecido ou não, sem nos preocuparmos com elogios ou ganhos.

Façamos sempre o nosso melhor, sem sofrer por aquilo que perdemos, porque o perder e ganhar, o transformar, é parte inerente à vida.

Desapegar-se das coisas materiais é um primeiro passo, às vezes muito difícil.

Quantas roupas temos em nossos armários que faz tempo que não usamos, sabendo que há pessoas que fariam bom uso delas?

Quantos livros já lidos guardamos, sem a pretensão de lê-los novamente, negando a outros que não têm como comprar livros a felicidade de compartilhar as histórias de que gostamos?

Quantas lembranças do passado guardamos em nossas estantes e armários, cientes de que poderiam ser criadoras de novas e boas memórias para pessoas que não tiveram a mesma sorte que nós?

E quanto a desapegar-se das coisas não materiais? É muito mais difícil!

Quantas vezes nos apegamos a amores que já passaram, que são mais ilusões do que sentimentos?

Quantas vezes nos apegamos à dor que sentimos por alguém que se foi, sabendo que a dor não trará essa pessoa de volta, e nem ela ficaria feliz por nos ver sofrendo?

Quantas vezes nos apegamos a ideias antigas, a hábitos que não fazem mais sentido, apenas porque "sempre fizemos assim"?

Neste momento, peço que você termine a leitura deste capítulo e feche o livro.

Pense um pouco sobre seus apegos, materiais e imateriais.

- A que você está se apegando? Como este apego está atrapalhando sua felicidade?
- Imagine-se daqui a dez anos, vinte anos, cinquenta anos... Quais desses apegos fazem sentido?
- Pense, ainda, nos momentos felizes que viveu recentemente. Você os viveu com intensidade? Aproveitou cada momento, ciente de que é único e especial?

Reflita sobre esses tópicos e faça suas considerações... Afinal, você está agindo sem apego?

33

A IMPORTÂNCIA DO TRABALHO

Uma vez por mês, meus amigos da época do Ensino Médio se reúnem para conversar. Uns vão em alguns meses, alguns em outros, mas sempre há uns trinta ou quarenta deles batendo papo animadamente e recordando a época da adolescência.

Invariavelmente, nesses encontros, a conversa retorna ao tempo em que nos conhecemos. "Como era boa aquela época", "A gente só estudava, não tinha preocupações", e por aí vai.

Nada mais justo que termos boas lembranças, ainda que alguns exagerem e mostrem que ativamente gostariam de ter mantido para sempre aquele jeito de ser e de viver.

Falando assim, fica claro o absurdo. Afinal, qual é o sentido de estudarmos se não for para utilizarmos depois o conhecimento? Como saber se realmente aprendemos, se não colocamos na prática? Além disso, como aprofundar o conhecimento se ele fica só em nossas mentes e não o experimentamos, não o exercitamos para descobrir nuances que os livros não registram ou a memória não guarda?

No entanto, não é isso que fazemos muitas vezes na vida? Ficamos procrastinando, procurando o melhor momento, esperando a oportunidade perfeita para muitas coisas, aguardando estarmos mais bem preparados para a execução das tarefas, esquecendo-nos de que somos nós que criamos as oportunidades, e que só realmente aprendemos quando tentamos, erramos e continuamos tentando.

O trabalho constrói conhecimento, a prática e o aprendizado trazem a felicidade.

Isso é particularmente verdade quando olhamos para as religiões, quase de maneira geral. Há lindos rituais, momentos para ouvir as palavras que nos aproximam de Deus, grupos de estudos para aprofundar conhecimento, repetições incessantes das mesmas palavras ao ponto de serem decoradas.

No entanto, tudo isso ainda é apenas aprendizado, da mesma forma como estudamos na escola para nos prepararmos para trabalhar depois. Poucos são os que lembram que não basta se emocionar, é importante colocar em prática, em todos os momentos, o que aprendeu. A felicidade verdadeira não está em entender o que faz bem, mas sim em praticar e aperfeiçoar o que faz bem.

Observamos ainda o aparecimento incessante de novas linhas esotéricas, com uma imensa variedade de técnicas para uma elevação espiritual rápida e a descoberta imediata, com uma simples análise, da solução de todos os problemas e do rumo de futuro de cada um.

Tudo isso também é importante, mas também é escola, não trabalho. Não basta o conhecimento ou um ato de vontade para atingirmos a iluminação, é necessário o esforço constante de crescimento para sentirmos que estamos avançando, e esse sentimento sempre está associado à felicidade.

Vivemos em uma sociedade que é semelhante a um organismo, e cada um de nós é uma célula. As coisas funcionam bem, temos casa, água, alimentos e outros itens nos supermercados, roupas, escolas, tudo enfim porque cada um está fazendo a sua parte, trabalhando e contribuindo para um pequeno pedaço deste todo. Imagine-se sem o restante da sociedade: até para atender às necessidades mais básicas teríamos dificuldades!

Claro, nem sempre o trabalho é prazeroso. Há momentos de desgaste mesmo nas atividades mais interessantes, há trabalhos que fazemos apenas porque não conseguimos outros.

Porém, precisamos entender que o trabalho é uma necessidade fundamental do ser humano, não apenas para nos mantermos economicamente, mas principalmente porque e nos gera uma sensação de realização, de sermos úteis, de confiança em nossas capacidades, que é um dos mais fortes pilares da felicidade.

O estudo é necessário, o descanso é essencial, e o trabalho é indispensável!

Importante lembrar também que, aqui, nos referimos ao trabalho como um sinônimo de prática, não necessariamente um emprego (por isso, evitei essa palavra). Você trabalha toda vez que exercita sua mente pensando em uma solução para um problema, que exercita suas mãos produzindo algo palpável, que exercita seu coração fazendo ativamente o bem para alguém ou procurando caminhos para expandir seu amor e seu espírito.

No fim deste capítulo, vou pedir que você faça algo um pouco diferente, menos direcionado que nos demais.

Após terminar de ler este conteúdo, tente avaliar qual é a sua relação com o trabalho, no sentido geral que acabei de falar.

Pense em suas relações, na forma como você encara o seu emprego, a sua escola, as suas crenças, a sua família e os seus amigos.

- Em que áreas de sua vida você está trabalhando, e em que áreas está estagnado, reproduzindo comportamentos como quem repete anos na escola para reforçar o aprendizado?
- Tem buscado o aperfeiçoamento constante de sua mente, de suas habilidades físicas, de seu coração?

Trabalhar é colocar em prática o que já temos dentro de nós, ainda que seja incompleto e imperfeito, porque a verdade é que nunca estaremos completos e perfeitos para começar algo – é o praticar que nos aperfeiçoa e completa.

Pense nisso... e, para reforçar suas considerações, anote em um caderno as áreas em que você está estagnado e que decisões tomou para seguir em frente.

A vida é movimento, e trabalhar em prol do progresso pessoal é uma fonte inesgotável de potencial de felicidade!

Claro, nem sempre o
trabalho é prazeroso.
Há momentos de desgaste
mesmo nas atividades
mais interessantes,
há trabalhos que
fazemos apenas
porque não
conseguimos outros.

34

AS PEDRAS NO CAMINHO

Recentemente, aproveitei a justificativa de dois eventos que aconteceram em datas próximas (o casamento de uma prima no Rio de Janeiro e a Bienal do Livro em São Paulo, uma semana depois) para viajar de carro pelo país.

Foram cinco semanas na estrada, alguns milhares de quilômetros, dirigindo durante o fim de semana e trabalhando na casa de familiares e amigos, e eventualmente em algum hotel ou pensão, durante alguns dias.

No fim da quarta semana, comecei a retornar de Florianópolis, com três visitas programadas pelo caminho, antes de voltar a Brasília.

Antes mesmo de chegar a Curitiba, o carro, talvez "cansado" da viagem, teve dois pneus furados ao mesmo tempo. Após algumas horas, e com dois pneus novos, segui rumo a Capivari.

Na segunda etapa da viagem, de Capivari para Uberlândia, o carro parou de vez: começou a esquentar cada vez mais, e descobri que estava com o radiador furado. (Enquanto escrevo estas linhas, o carro continua em Uberaba, esperando para ser consertado, enquanto segui para Brasília, onde tinha compromissos inadiáveis.)

Muitas vezes, acontece o contrário: quem nunca teve problemas logo ao sair de férias? Às vezes, é o ônibus que quebra no caminho, outras vezes um voo que é cancelado... em outros momentos, são estradas bloqueadas por causa de chuvas ou acidentes.

Gosto de aproveitar tudo o que ocorre na vida para pensar sobre que lições podemos tirar dos acontecimentos (bons ou ruins).

Usemos, então, a estrada como uma analogia para nossa vida.

Quando saímos de férias, se temos alguma dificuldade no caminho, o que usualmente fazemos? Desistimos de nossos planos, cancelamos hotéis, avisamos parentes que não iremos mais, retornando à nossa casa para ficar algumas semanas sem fazer nada? Ou damos um jeito e seguimos em frente?

Ora, vivemos em um mundo material, onde tudo se desgasta, dos objetos que usamos ao nosso corpo. É inevitável, portanto, que tenhamos problemas quando seguimos nos caminhos da vida.

Sentiremos dores toda vez que algo nos ferir fisicamente. Ficaremos de cama quando algo nos deixar doentes.

Perderemos objetos que nos traziam recordações queridas. Nossos animais de estimação vão adoecer e eventualmente morrer. Nossas louças vão se quebrar. Nossos livros vão molhar, rasgar, estragar. Nosso corpo pode falhar e nos impedir de realizar determinados tipos de trabalho.

Tudo isso e muito mais pode acontecer, e geralmente acontece, na vida de todo mundo.

Da mesma forma como acontece quando um carro quebra no meio de uma viagem, é claro que vamos ficar chateados. Podemos xingar, brigar com as pessoas em volta, revoltar-nos, chutar os "pneus furados" em nossa vida.

No entanto, nada disso vai fazer que esses pneus voltem a ser novos.

Nossa indignação é compreensível, mas, além de não resolver nada, ainda atrapalha nosso raciocínio e as relações com outras pessoas, tornando mais difícil a solução do problema.

Quando o carro quebra na estrada, ficamos chateados, mas não sofremos pelo pneu furado, concentrando nossas expectativas nas férias que nos esperam mais adiante.

Da mesma forma, é importante lembrar que a vida continua, que depois dos acidentes de percurso virão outros dias, cheios de potencial de felicidade.

Aprender a desenvolver esse olhar para o futuro, para além das dificuldades do momento, é uma das formas mais efetivas de conseguir ser feliz, ou menos infeliz nos momentos mais difíceis. A consciência de que a dificuldade é passageira, de que, por mais difíceis que sejam os dias, pouco a pouco os incômodos passarão, nos ajuda a seguir em frente e encurta esses períodos difíceis por que todos passamos.

Vamos então ao nosso exercício, à parte em que deixamos de ler o que alguém escreveu para nós e passamos a desenvolver nossas considerações.

Tire um momento para pensar em sua vida. Feche este livro, cerre os olhos, se quiser, e pense em como você reagiu aos momentos difíceis pelos quais passou.

Não pense no motivo da tristeza em si, até porque não há razão para voltar a sofrer por algo que já passou. Concentre-se nas suas reações.

- Como lidou mentalmente com a questão? Que tipo de coisas você fez que ajudaram a superar suas dificuldades?
- Quando começou a se sentir melhor? O que passou em sua mente nesse momento de bem-estar?
- O que você manteve em sua mente que dificultou a melhora?

Em meu caso, o que ajuda é pensar que tudo aquilo vai passar, é saber e falar para mim mesmo que a dor é temporária e, mesmo que pareça impossível (e, às vezes, isso ocorre, quando a dor é muito grande), ainda assim, vai haver algum dia à frente em que vou sorrir, gostar de tomar sol, abraçar, brincar novamente.

Isso ajuda para mim, e pode ajudá-lo também, mas é importante que você procure as suas soluções.

As pedras no caminho são inevitáveis. Se realmente queremos ser felizes, precisamos pensar sobre como reagimos a cada uma delas e fortalecer cada vez mais nossos mecanismos de superação.

Até porque não faz sentido perder tempo olhando para as pedras com as quais topamos se logo adiante uma praia de areia macia está nos esperando!

Tire um momento
para pensar em sua vida.
Feche este livro,
cerre os olhos,
se quiser,
e pense em como
você reagiu aos
momentos difíceis
pelos quais passou.

35

A RAIVA QUE SENTIMOS

Certa vez, eu estava saindo do consultório do dentista, localizado no sétimo andar de um edifício, já atrasado para o trabalho.

Entrei no elevador com mais duas pessoas e alguém pressionou o botão para descermos. Mal ele começou a descer e parou no sexto andar, entrando mais algumas pessoas. Depois, parou novamente no quinto andar. E no quarto. E no terceiro. E no segundo.

A essa altura, eu já estava incomodado, olhando o relógio a cada instante, agoniado com tantas paradas e preocupado com uma reunião que haveria dali a pouco no trabalho e para a qual certamente eu chegaria atrasado.

O elevador parou, então, no primeiro andar. Estávamos naqueles prédios comerciais que têm um andar a mais, a sobreloja, mas, mesmo assim, me incomodei com quem entrou. Ora, eram apenas dois andares, e na descida, por que não iam de escada?

As portas fecharam-se e, para minha surpresa, o elevador parou novamente na sobreloja. A raiva (totalmente injustificada) subiu à minha cabeça e praguejei mentalmente contra a preguiça de quem quer que fosse entrar no elevador.

Quando as portas se abriram, as pessoas mais à frente se apertaram para os lados e pude ver quem entrava: uma senhorinha muito idosa, caminhando com dificuldade, com a ajuda de um andador.

Imediatamente, fiquei envergonhado. Estava tão preocupado com meus problemas que pensei mal de alguém que eu nem sabia quem era ou que motivos tinha para chamar o elevador, simplesmente porque estava "atrapalhando minha vida".

Na vida, muitas coisas acontecem desse jeito. Vemos muito facilmente o que os outros fazem que nos incomoda, muitas vezes deixamos que a raiva nos domine, sem nem ao menos pensar que o que fazemos pode estar provocando algo semelhante nos outros.

O motorista de carro que corre e faz manobras perigosas talvez esteja levando alguém ao hospital.

O atendente da padaria mal-humorado pode estar simplesmente cansado porque passou a noite em claro, trabalhando em outro lugar para sustentar sua família.

Alguém que esbarra em nós e não pede desculpas pode estar devastado, com o coração partido, porque perdeu alguém querido, sendo incapaz de prestar atenção ao mundo à sua volta.

Não interessam os motivos que levam uma pessoa a ser desagradável conosco. O que interessa é como vamos reagir a isso.

Podemos sentir raiva por termos sido maltratados, desrespeitados ou agredidos; mas também podemos entender que a raiva, o mau humor, a impaciência do outro são exclusivamente do outro, não precisa nos contaminar.

Em vez de raiva, podemos sentir pena, porque, quando sentimos algo negativo, com certeza não estamos felizes.

O sentimento negativo é a própria punição de quem o sente. Não precisamos agravar isso entrando em conflito por nos sentirmos agredidos – e, ainda pior, acolhermos em nós o sentimento ruim e também abandonarmos nossa felicidade.

É claro que isso parece simples de falar, mas é difícil de fazer. Felizmente, existe um caminho bem traçado: conhecimento – comportamento – disciplina – espontaneidade.

O primeiro passo é o **conhecimento**. Nesse caso, o autoconhecimento. É olhar para nossas atitudes e perceber que podemos mudar, e que é positivo mudar.

Tomar a decisão de mudar nos leva ao segundo passo, bem mais difícil: mudar o **comportamento**. Este passo é bem mais difícil porque muitas vezes vamos reagir da forma como estamos acostumados, exteriorizando a raiva e ofendendo quem nos incomodou.

Mas, com o conhecimento em mente, continuamos tentando, e aos poucos conseguimos pelo menos ficar quietos, não deixar a raiva aparecer e, com isso, não piorar algo que já era ruim.

Aí entra o terceiro passo: **disciplina**. Fazemos isso uma, duas, dez, cem vezes... Outras tantas vezes, no meio do caminho, deixamos a raiva nos dominar, mas com a disciplina temos a persistência de continuar tentando, até porque vemos os benefícios da mudança de comportamento em nossa vida: mais tranquilidade, mais felicidade e até mais saúde.

Aos poucos, as atitudes que eram pensadas começam a se tornar naturais, e aquela raiva que era "engolida" aos poucos vai deixando de acontecer.

Quando chegamos a esse nível de espontaneidade, verdadeiramente passamos a viver o que buscávamos: não nos deixar contaminar com os sentimentos negativos do outro.

Terminando a leitura deste capítulo, dedique alguns momentos para refletir. Lembre as situações em que você se incomodou com algo e ficou com raiva, ou magoado, ou com algum sentimento negativo qualquer por algo que alguém lhe fez.

- Como você reage quando lhe tratam mal? O que sente? Consegue manter sua paz, sua felicidade nesses momentos?

- Sua reação faz alguma diferença? Piora ou melhora a situação? (Lembre-se de que estamos falando de reação emocional: você pode ser objetivo, até duro, de certa forma, para evitar algum abuso por outros, sem se ferir emocionalmente pela situação.)
- Uma vez que tomou conhecimento de como é sua atitude nessas situações, pense no próximo passo: como pode agir diferente, em vez de simplesmente reagir?

Após tomar essa decisão, busque modificar seu comportamento e continuar persistindo até que o novo modo de ser se torne espontâneo.

Ninguém pode mudar o mundo, pois sempre haverá pessoas e situações que têm o potencial de nos incomodar. No entanto, podemos, sim, mudar a forma como vemos o mundo, porque a única coisa que temos a capacidade de mudar é a nós mesmos.

Busque esse caminho, pois ele com certeza é um dos caminhos com o maior potencial para lhe fazer feliz!

O primeiro passo
é o conhecimento.
Nesse caso,
o autoconhecimento.
É olhar para nossas atitudes
e perceber que
podemos mudar,
e que é positivo mudar.

36

CAMINHOS PARA A FELICIDADE

Muitos são os caminhos para a felicidade, até porque somos todos diferentes, e cada pessoa tem a própria forma de ser feliz.

Neste livro, apresentamos muitas ideias, diversas sugestões, e é claro que há muitíssimas outras.

Alguns caminhos são mais curtos, com o potencial de gerar "pequenas felicidades". Outros são mais longos, com o potencial de gerar felicidades mais duradouras.

Alguns são planos, demandando apenas seguir na rota desejada com persistência. Outros são mais íngremes e acidentados, e demandam esforço, superação e renúncia para vencer partes de si mesmo que ficam no caminho, atrapalhando.

No entanto, eu me arrisco a dizer que um detalhe é sempre igual, em todos os caminhos: a necessidade do autodescobrimento. Conhecer-se melhor, entender o que o faz feliz e o que apenas gera momentos de alegria, mas que depois possui o efeito oposto.

Por isso, ao fim de cada capítulo, proponho uma chamada à reflexão.

Não há livro ou mesmo terapia de autoajuda, o que existem são facilitadores para você se autoajudar.

Se está aproveitando bem este livro, este não é o último conteúdo que você vai ler.

Primeiro, porque a ideia é "sortear", ou seja, escolher um texto aleatório e ler apenas esse conteúdo.

Em segundo lugar, porque, como a proposta é refletir sobre cada leitura, você pode ler o mesmo capítulo várias vezes, pois, em momentos distintos, suas reflexões serão diferentes, ainda que as palavras sejam as mesmas.

Neste livro, quando falei sobre caminhos longos e caminhos curtos para a felicidade, bem como caminhos leves e difíceis, ficou parecendo que a felicidade é um destino a se alcançar. Não é bem isso!

Perceba que o título deste capítulo é "Caminhos para a felicidade". Ela é vivenciada a cada dia, com pequenas e grandes mudanças – de ponto de vista, de hábitos, de decisões e esforços.

Não é algo a ser adiado, para ser alcançado algum dia, porque mesmo os caminhos longos são repletos de felicidade, por sabermos que estamos no rumo certo.

Se você não está vivendo assim, então esse é um bom momento para reavaliar sua postura. Por que não está se sentindo feliz com o seu hoje? O que pode mudar em si mesmo (porque o mundo e os outros não vão mudar rapidamente apenas para atender aos seus desejos...) para ser mais feliz?

Quanto mais conscientes nos tornamos de nós mesmos, do que nos faz feliz e do que não nos faz, mais felizes nós nos tornamos.

Cada capítulo deste livro objetiva ser um passo nesse caminho de individuação, de atingirmos todo nosso potencial de conhecimento sobre nós mesmos, com toda a felicidade possível.

Além disso, cada passo não se vence com as pernas, mas com perguntas que são feitas a nós mesmos e respondidas com base em nosso entendimento atual, de novo, e de novo, até que não precisemos mais fazer aquela pergunta, porque a resposta está viva em cada uma de nossas ações.

- Você se permite ter sonhos? Sabe o que deseja fazer daqui a muitos anos? E está trabalhando para, aos poucos, se aproximar desse objetivo?
- Como lida com mudanças?
- Você comemora suas realizações? Fica feliz com tudo o que já conquistou?
- Ao lidar com dificuldades, tem a consciência de que elas sempre são passageiras, por mais difíceis que pareçam?

- Você dá valor ao que faz em seu trabalho, busca dar o melhor de si e, principalmente, descobrir de que forma essa atividade pode ser prazerosa, para ser feliz a cada dia?
- Procura ter horas livres em seu dia para poder conviver consigo mesmo?
- Olhando para tudo o que faz, possui a consciência tranquila de que está fazendo o melhor de si, sem fazer mal aos outros?
- Consegue aproveitar os pequenos instantes de felicidade que o dia lhe oferece, ouvindo, olhando, sorrindo, estando presente em cada momento?
- Costuma se permitir parar alguns momentos apenas para sentir gratidão, agradecer em sentimento ao Universo por estar vivo, por ter todas as suas capacidades físicas e intelectuais?
- Quanto você se esforça para eliminar de seu coração as mágoas que carrega em relação a alguém?
- Acredita em si mesmo?
- Como lida com as adversidades que surgem em sua vida?
- Você já entendeu que não existe culpa, mas responsabilidade, e que não adianta ficar recordando os erros, mas sim se esforçando para não os repetir?

- Aceita que tem imperfeições e entende que vai continuar errando, por mais que se esforce – ainda que, a cada vez, erre um pouco menos?
- Você busca ver o lado positivo de tudo e de todos? Tenta criar um ambiente harmonioso em sua casa, no ambiente profissional ou onde estiver, sendo gentil e paciente com as imperfeições alheias?
- Evita comentários que não ajudam, apenas geram mais incômodos e incompreensão?
- Consegue amar a si mesmo, na mesma medida em que ama outros?
- Procura sempre realizar pequenos gestos de bondade? Fazer o bem aos outros é uma das formas mais poderosas de proporcionar a felicidade para si mesmo!
- Tenta manter a calma em todos os instantes? Oferece um sorriso e sua atenção aos demais, mesmo nos momentos mais difíceis?
- Fica feliz com as conquistas e as alegrias dos outros?
- Evita se apegar a coisas materiais, valorizando o que realmente importa?

Lembre-se de que você é o único responsável por sua felicidade, e só você pode construir seus caminhos de felicidade.

O mundo pode parecer estar contra nós, as pessoas à nossa volta podem parecer que só querem nos fazer infelizes, mas a escolha sobre o que sentir, como processar esses sentimentos que a realidade nos oferece é nossa.

Existem pessoas que parecem ter tudo e são infelizes, enquanto outras, que parecem só ter sofrimentos na vida, ainda assim conseguem sorrir e tirar de suas experiências uma felicidade que parece incompreensível aos demais.

Se hoje você não se sente feliz, é porque em algum momento passado suas escolhas o levaram até este ponto.

Vale a pena, então, lembrarmos de uma frase atribuída ao pastor, professor e escritor William Arthur Ward (1921-1994): "Não julgue cada dia pela colheita que você obtém, mas pelas sementes que você planta"[1].

Para sermos felizes, basta escolher as sementes certas, e desde já nos animarmos com as flores que estamos cultivando, antes mesmo que comecem a brotar.

Vamos mudar um pouco a forma como fazemos nossa reflexão neste capítulo: em vez de pensar sobre tudo o que falamos, apenas feche os olhos alguns momentos e sinta, sem pensar em nada: "Você está em paz, ou com um turbilhão de emoções?".

Depois disso, vá até o sumário e leia os títulos dos capítulos.

---

1. Jornal *Oklahoma Star*, de 17 de maio de 1963, segundo o *site* "O pensador". Disponível em: https://www.pensador.com/frase/Mjk5MDUz/. Acesso em: jan. 2025.

Dessa vez, não selecione uma página aleatória: escolha um título que lhe pareça dizer algo.

Leia com calma e, ao fim, medite realmente no que pode fazer ainda hoje para começar a construir um caminho mais feliz!

O mundo pode
parecer estar contra nós,
as pessoas à nossa volta
podem parecer que só
querem nos fazer infelizes,
mas a escolha sobre o que
sentir, como processar esses
sentimentos que a realidade
nos oferece é nossa.

Este livro foi impresso pela PifferPrint para a Editora Gaius Ltda.
O papel do miolo é pólen bold 90g/m²;
e o da capa é cartão triplex 250g/m².